LA

PETITE SAINTE-FAMILLE

DE RAPHAEL

MADONNA PICCOLA

DE LA MARQUISE ISABELLE D'ESTE DE GONZAGUE

Collection de Mantoue

LE DESSIN — LE TABLEAU

*PAR X****

PARIS

IMPRIMERIE D. DUMOULIN ET Cie

5, RUE DES GRANDS-AUGUSTINS, 5

1892

LA

PETITE SAINTE-FAMILLE

DE RAPHAEL

MADONNA PICCOLA

DE LA MARQUISE ISABELLE D'ESTE DE GONZAGUE

Collection de Mantoue

LE DESSIN — LE TABLEAU

*PAR X****

PARIS
IMPRIMERIE D. DUMOULIN ET Cie
5, RUE DES GRANDS-AUGUSTINS, 5
1892

Nous pourrions dire avec Montaigne : « C'est icy un livre de bonne foy, » simplement, sincèrement écrit d'après les documents et les faits que nous avons eus sous les yeux et que nous nous sommes borné à présenter dans un ordre régulier, afin d'en faire mieux saisir l'enchaînement.

Nous nous estimerons heureux si nous avons réussi à faire la lumière complète sur une question d'art essentiellement intéressante, puisqu'elle se rapporte à Raphaël, et à porter dans l'esprit de nos lecteurs la conviction qui nous anime. Nous les remercions vivement, dans tous les cas, de l'intérêt avec lequel ils auront bien voulu parcourir notre travail.

L'AUTEUR.

On considère généralement la *Petite Sainte-Famille* du Louvre comme l'œuvre d'un des disciples de Raphaël, et l'on suppose que cette œuvre a été exécutée d'après un dessin du maître.

Nous n'avons jamais beaucoup partagé ce sentiment, pour ce qui nous touche, car un doute nous est toujours resté dans l'esprit.

Pourquoi, nous disions-nous, ce tableau aurait-il été fait d'après un dessin plutôt que d'après un autre tableau, original celui-là, c'est-à-dire de Raphaël lui-même ?

La circonstance que l'on ignorait si un tel tableau avait jamais existé, qu'aucun auteur n'en parlait ou n'en avait parlé, n'était pas de nature à détruire notre doute, surtout lorsque nous considérions que la copie du Louvre n'est pas la seule copie ancienne connue, et que toutes celles signalées dans les ouvrages d'art, à Cologne, à Londres, à Düsseldorf, ont une composition absolument identique quant aux personnages, identique aussi quant au paysage qui forme le fond du tableau, et, enfin, sont peintes avec les mêmes couleurs et dans la même gamme de tons.

L'identité, dans les diverses copies, du même paysage formant le fond, nous donnait particulièrement à penser qu'un tableau original, d'après lequel lesdites copies avaient été peintes, existait ou avait autrefois existé.

Le seul document connu jusqu'ici, la gravure de la composition, faite par J. J. Caraglio, un des élèves de Marc-Antoine Raimondi, le graveur de Raphaël, ne contient pas, en effet, de paysage; et non seulement n'en contient pas, mais le remplace par une muraille en ruines. Des différences nombreuses se remarquent, en outre, dans l'attitude des personnages et dans les draperies, entre cette gravure et le tableau; de sorte que, pour admettre que la copie du Louvre avait été faite d'après le dessin, — que cette gravure représente, comme s'accordent à le penser les critiques, — il eût fallu admettre aussi que l'auteur de ladite copie avait modifié toute la composition du maître, qu'il l'avait complétée, et, en même temps, qu'il l'avait fait de la manière la plus heureuse.

Or, une telle supposition : Raphaël rectifié et complété avec bonheur par un de ses élèves, alors qu'il était à l'apogée de son génie, car la composition appartient à la dernière période de l'époque romaine, était-elle admissible ?

Évidemment, non.

Désirant éclaircir notre doute et arriver à la vérité, s'il y avait possibilité de la connaître, nous avons résolu de compulser les documents et les archives, pour tâcher de retrouver, s'il y avait moyen, la trace du tableau original que nous sentions avoir dû exister, en supposant qu'il fût aujourd'hui perdu.

C'est le résultat de nos recherches que nous venons exposer ici. Hâtons-nous de dire qu'elles n'ont pas été infructueuses; qu'elles viennent, au contraire, corroborer pleinement l'exécution d'un tableau original de Raphaël représentant la *Petite Sainte-Famille*, et jeter ainsi un jour tout nouveau sur la question.

— ◇ —

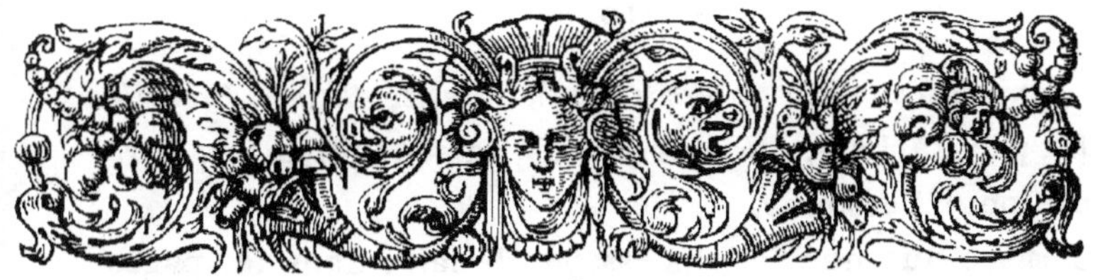

I

Les points à examiner sont naturellement ceux-ci :

1° — Raphaël peut-il avoir peint un tableau de la *Petite Sainte-Famille* ?

2° — Est-il probable qu'il l'a peint ?

3° — Trouve-t-on un indice ou une trace quelconque d'un tableau de Raphaël qui pourrait être la *Petite Sainte-Famille* ?

Ce tableau aurait-il été exécuté à la demande de quelqu'un ? — De qui ?

4° — Quelle preuve a-t-on que ledit tableau a été peint et livré ?

5° — Quelle preuve a-t-on également que c'est le tableau de la *Petite Sainte-Famille* ?

6° — Comment le tableau de la *Petite Sainte-Famille* est-il sorti des mains de la personne qui le possédait à l'origine, ou de celles de ses héritiers ?

7° — Dans quelles mains est-il alors passé ?

8° — Où se trouve-t-il, s'il existe encore ?

Et il nous semble incontestable que, si nous arrivons à élucider convenablement chacun de ces points, la question de l'existence d'un tableau de la *Petite Sainte-Famille* peint par Raphaël, ne pourra plus, raisonnablement, faire doute pour personne.

C'est ce que nous allons essayer de faire dans les pages qui vont suivre.

II

Considérons d'abord le premier point : — Raphaël peut-il avoir peint un tableau de la *Petite Sainte-Famille?*

Tous les avis sont unanimes pour reconnaître que la composition si belle, si élégante, si admirablement ordonnée de la *Petite Sainte-Famille*, est de Raphaël. Nous citerons, en particulier, les suivants :

Félibien, dans ses *Entretiens sur les vies et sur les ouvrages des plus excellents peintres anciens et modernes*, édition de 1690, t. Ier, p. 253, dit : « Raphaël a desseigné ces deux tableaux » (la *Petite Sainte-Famille* du Louvre et celle de Mazarin).

Mariette, dans son *Recueil d'estampes d'après les plus beaux tableaux et d'après les plus beaux desseins qui sont en France*, Paris, 1729, p. 9, n° 17, dit : « Quant au dessein (celui de la *Petite Sainte-Famille*), il est communément reconnu pour estre de Raphaël. »

Passavant, dans son livre : *Raphaël d'Urbin et son père Giovanni Santi*, édition française de 1860, t. II, p. 264, dit parlant de la *Petite Sainte-Famille* du Louvre : « ... Le coloris puissant et chaud de ce tableau et le faire du paysage... font supposer que cette peinture a été exécutée... d'après un dessin du maître. »

M. F.-A. Gruyer, dans son livre : *Les Vierges de Ra-*

phaël et l'Iconographie de la Vierge, Paris, 1869, t. III, p. 362, dit : « La *Petite Sainte-Famille* du Louvre va nous montrer encore Raphaël à travers l'interprétation de l'école. »

M. E. MÜNTZ, dans son livre : *Raphaël, sa vie, son œuvre et son temps*, Paris, 1886, p. 525-526, dit : *La Petite Sainte-Famille* du Louvre..., peinte pour le cardinal de Boissy, etc..., paraissant admettre ainsi que non seulement la composition mais encore le tableau, sont de Raphaël.

MM. CROWE ET CAVALCASELLE, dans leur ouvrage : *Raphael his life and works*, Londres, 1882-1885, t. II, p. 553-554, disent, au sujet de la *Petite Sainte-Famille* : « ... la composition est dans l'esprit de Raphaël à cette époque » (1518)[1].

ANTON SPRINGER, dans son ouvrage : *Raffaël und Michel Angelo*, Leipzig, 1883, t. II, p. 375-376, dit : « Aux dernières années de Raphaël appartient aussi la *Petite Sainte-Famille* ou *Vierge au Berceau*, au Louvre. »

« ... La composition est incontestablement de Raphaël; l'exécution est d'un élève[2]. »

M. WILHELM LÜBKE, dans son ouvrage *Geschichte der italienischen Malerei*, Stuttgard, 1879, t. II, p. 347, dit également, en parlant de la *Petite Sainte-Famille* du Louvre :

« La composition est, sans contredit, de Raphaël[3]. »

1. « The style is that of Raphael's school about 1518, the composition is in the spirit of Raphael at that time. »

2. « ... In Raffael's letzte Jahre fællt auch die sog. Kleine h. Familie, oder Vierge au berceau, im Louvre. »

« ... Der Entwurf gest unstreitig auf Raffael zurück, die ausführung gehœrt einem Schülar... »

3. « Die composition ist ohne Frage rafaelisch... »

Enfin, le *Catalogue du Louvre*, rédigé par M. F. VILLOT, édition de 1875, reproduit, sous le n° 378 de l'école italienne, les dires de Félibien, Mariette, etc., et les confirme par ses observations.

Il y a donc, comme nous l'avons dit, unanimité d'avis sur ce point, et personne n'hésitera, dès lors, à répondre avec nous : Oui, Raphaël peut avoir peint un tableau de la *Petite Sainte-Famille*.

III

Voyons maintenant le deuxième point : — Est-il probable qu'il l'a peint?

Toutes les copies anciennes de la *Petite Sainte-Famille* diffèrent sensiblement, pour l'attitude des personnages, l'arrangement des draperies et surtout pour le fond, de la gravure de Caraglio[1]. Toutes ces copies sont cependant identiques entre elles sur tous les points, nous l'avons déjà dit, et d'un coloris analogue, aussi bien pour les personnages que pour les draperies et le paysage. Or, que conclure de là, sinon qu'elles découlent toutes d'une seule et unique source, qui n'est pas la gravure de Caraglio ni le dessin que cette gravure représente?

Et comme personne, évidemment, ne pouvait, mieux que Raphaël, modifier son idée première représentée par ladite gravure, ni surtout la modifier aussi admirablement dans toutes ses parties; comme personne, non plus, ne pouvait lui donner un fond d'une harmonie plus parfaite ou rentrant mieux dans le caractère des paysages du maître que le maître lui-même, on est tout naturellement encore conduit à répondre : Oui, il est probable que Raphaël a peint un tableau de la *Petite Sainte-Famille*.

Nous appuierons cette déduction par quelques extraits des auteurs que nous venons de citer.

1. V. J. J. Caraglio, Œuvre. —(Bibliothèque Nationale. —Réserve.)

Page 15.

GRAVURE DE CARAGLIO

(BIBLIOTHÈQUE NATIONALE. — RÉSERVE.)

GRAVURE DE CARAGLIO

(BIBLIOTHÈQUE NATIONALE. — RÉSERVE.)

Passavant, dans son ouvrage relaté, édition française, 1860, t. II, p. 64, n° 50, dit, au sujet de la *Vierge avec l'Enfant Jésus endormi* (*Vierge au Voile*), qu'il décrit :

« Voilà le motif de toute une série de tableaux, tous faits d'après un même original de Raphaël, sans que l'on puisse dire où cet original se trouve aujourd'hui.

« Le carton (dessin) du maître, toutefois, est conservé à l'Académie de Florence. »

(Mais) « ce carton même prouve que les copies dont nous parlons[1] ne sont pas faites d'après lui, car toutes ont pour fond un paysage exactement pareil, dans le goût de Raphaël, tandis que le carton n'en a pas. »

Ce raisonnement si correct, si judicieux, que fait Passavant au sujet de la *Vierge avec l'Enfant Jésus endormi*, ne s'applique-t-il pas, de tous points, au cas qui nous occupe?

Il est vrai que, jusqu'ici, aucun auteur n'a signalé l'existence du dessin d'après lequel Caraglio aurait exécuté sa gravure; mais tous les auteurs s'accordent pour reconnaître qu'elle a été faite d'après un dessin, et nous verrons plus loin que ce dessin existe.

Dans son ouvrage également cité, M. F.-A. Gruyer dit, de son côté, à propos de la même *Vierge au Voile*, édition de 1869, t. III, p. 178 :

« .... Si ces peintures[2] ne se ressemblaient que par l'agencement des personnages..., on pourrait admettre que Raphaël, après avoir dessiné cette Vierge, n'a pas eu le temps

1. Passavant en a signalé 9 copies. — V. Passavant, ouvrage cité, édit. française, 1860, t, II, p. 64-65.

2. M. Gruyer parle des copies signalées par Passavant.

d'en faire un tableau et que des artistes anonymes, plus ou moins voisins du maître, se sont servis de son carton. Mais cette hypothèse semble inadmissible. D'une part, le carton original... se borne à l'indication des trois figures et l'on n'y trouve rien qui présage ce que sera le fond. D'autre part, tous les tableaux exécutés... présentent un fond de paysage absolument identique. Donc, tous ces tableaux dérivent non seulement du même carton, mais aussi du même tableau, qu'ils ont religieusement copié dans ses moindres détails. »

Ici encore, on le voit, la déduction est tirée de la même manière, et l'on ne saurait y opposer aucun argument sérieux.

Or, si les raisonnements qui précèdent sont justes, et ils le sont, n'est-on pas logiquement conduit à les appliquer à la *Petite Sainte-Famille* et à dire, au sujet des copies anciennes qui en existent et dont fait partie celle du Louvre :

Toutes ces copies dérivent non seulement du même carton, mais aussi du même tableau ; car toutes ont pour fond un paysage exactement pareil dans le goût de Raphaël, tandis que le carton, que reproduit la gravure de Caraglio, n'en a pas, ou, plutôt, en a un tout différent.

Et n'est-on pas conduit ainsi à conclure, dès lors, comme nous l'avons fait et à dire : Oui, il est probable que Raphaël a peint un tableau de la *Petite Sainte-Famille* ?

Évidemment, si.

—◇—

IV

Nous arrivons au troisième point : — Trouve-t-on un indice ou une trace quelconque d'un tableau de Raphaël qui pourrait être la *Petite Sainte-Famille?*

Ce tableau aurait-il été exécuté à la demande de quelqu'un ? — De qui ?

Ici, la tâche devient plus ardue.

Pour répondre utilement, nous devons entrer dans d'assez longs détails, en même temps que fournir toutes justifications nécessaires.

A l'époque où vivait Raphaël, dominait, à Mantoue, une des familles les plus illustres de l'Italie, la famille de Gonzague.

Et parmi les membres de cette famille, Isabelle d'Este femme de Jean-François II de Gonzague, marquis de Mantoue, et mère de Frédéric, était universellement réputée pour son goût délicat et son ardent amour des œuvres d'art.

« Une princesse, dit en effet G. Campori, dans son ouvrage tiré des archives de Mantoue[1], célèbre par sa beauté

1. V. G. Campori : *Atti e Memorie delle R. R. deputazioni di Storia Patria per le Provincie Modenesi e Parmensi.* 1870, vol. Vi p. 297 à 309 : Notizie e documenti per la vita di Giovanni Santi e d. Raffaello Santi da Urbino. — V. in fine, Appendice, A.

Le même travail a été publié dans la *Gazette des Beaux-Arts*, 1872, t. VI, p. 353 à 366, sous le titre : « Faits et documents pour servir à l'histoire de Giovanni et Raphael Santi, d'Urbin, tirés des archives de Mantoue. »

et sa vertu, et qui, par les dons de l'intelligence, était supérieure à toutes les autres de son temps, favorisait les arts avec un goût exquis et se montrait, pour les artistes, une protectrice aussi affectueuse que magnifique.... C'était Isabelle, fille d'Hercule Ier, duc de Ferrare, et femme de François, marquis de Mantoue.... Michel-Ange, le Pérugin, le Titien, Bellini, Giorgione, Dosso, reçurent d'elle des commandes de peinture.... Raphaël en reçut également....

« Le peintre d'Urbin qui, dans ses voyages, ne toucha jamais le sol mantouan et n'eut pas ainsi, comme son père, à recevoir l'hospitalité de ses princes, fut connu à Rome par Isabelle....

« Le souvenir qu'il conserva toujours de la duchesse d'Urbin[1], belle-sœur d'Isabelle, qui avait protégé son père et l'avait soutenu lui-même dans les premiers pas du difficile chemin de l'art; l'amitié qui l'unissait au comte Balthasar Castiglione, presque un frère pour la marquise plutôt qu'un sujet[2], durent être autant de titres excellents à ses bonnes grâces, auxquelles tout privilégié de l'intelligence pouvait aspirer sans crainte d'être repoussé[3]. »

« Jamais en aucune famille souveraine, dit de son côté M. Armand Baschet, il n'est né une créature mieux douée

1. Elizabeth de Gonzague.

2. Balthasar Castiglione est né à Casatico, près de Mantoue. Sa mère était une Gonzague. — V. Serassi Pier-Antonio : *Lettere del conte Baldessar Castiglioni* ; Padoue, 1769, t. I, p. 6. — V. Passavant, ouvrage cité, édit. française, 1860, t. I, p. 284.

3. V. Campori : *Atti e Memorie, etc.* 1870, vol. V, p. 300. — *Gazette des Beaux-Arts*, 1872, t. VI, p. 356.

pour l'entendement du beau, plus apte au bon goût, d'un esprit mieux fait pour se laisser charmer par la contemplation et la possession des chefs-d'œuvre[1].

« Dès son enfance, elle avait sous les yeux, à la brillante cour de Ferrare, le spectacle du culte qu'on rendait aux lettres et aux arts, goût élevé qui, depuis la Renaissance, s'était transmis traditionnellement dans cette illustre famille[2].

« Son mari, Jean-François II, quatrième marquis de Mantoue, cultiva lui-même les lettres et aima les arts, de sorte qu'Isabelle trouva en lui un précieux encouragement pour ses goûts[3]. »

Isabelle de Gonzague non seulement cherchait à réunir, à rassembler les œuvres d'art existantes, mais elle s'entourait de tous les artistes qu'elle pouvait attirer à Mantoue. Mantegna, Lorenzo Costa, Benvenuto Tizio, Jules Romain, etc., furent les peintres attitrés de la cour de Mantoue[4].

Mais, est-ce à Isabelle de Gonzague que nous devrons l'exécution de la *Petite Sainte-Famille* de Raphaël ?

C'est ce que nous saurons bientôt.

1. V. Armand Baschet : *Alde Manuzio, Lettres et documents.* Venise, 1867, p. 67.

2-3. V. A. Firmin-Didot : *Alde Manuce et l'Hellénisme à Venise*, Paris, 1875, p. LXI et LXII.

V. H. Janitschek : *Die Gesellschaft der Renaissance in Italien und die Kunst*, Stuttgart, 1879, p. 61-66-67.

4. V. Frédéric Villot, *Catalogue du Louvre*, édit. 1875 : Écoles d'Italie et d'Espagne, p. 152. 101, 258, 181.

V

« La première trace que l'on rencontre, dit Campori[1], des relations artistiques de Raphaël avec les Gonzague, remonte à 1511, année pendant laquelle il achevait de peindre cette éminente histoire des Chambres du Vatican, vulgairement connue sous le nom d'École d'Athènes et dans laquelle il introduisit le portrait, d'après nature, de Frédéric, fils du marquis de Mantoue, enfant alors âgé de onze ans....

« .... L'amour maternel[2], les intérêts de l'État, un très grand penchant pour les choses de l'art, continue-t-il, furent, pour la marquise de Mantoue, l'occasion de plusieurs voyages à Rome. Raphaël devait naturellement être l'objet de son admiration. Aussi, après l'avoir connu et avoir vu ses œuvres, qui émerveillaient tout le monde, éprouva-t-elle le désir de posséder un souvenir de son pinceau, qu'elle pût placer dans le trésor artistique et archéologique qu'elle avait formé dans son palais.

« Dans le mois de juin 1515, Agostino Gonzaga lui écrivait, de Rome, avoir parlé à Raphaël, *lequel lui avait promis de faire* UN PETIT TABLEAU *pour elle*[3].

Voici un extrait de cette lettre d'Agostino Gonzaga, que

1-3. V. Campori : *Atti e Memorie, etc.*, 1870, vol. V. p. 300 à 303. — *Gazette des Beaux-Arts*, 1872, t. VI, p. 356 à 359. — V. in fine. Appendice, B-C.

2. Son fils Frédéric a été en otage à Rome de 1510 à 1513, pour libérer son père, fait prisonnier par les Vénitiens pendant la guerre de 1509. — V. Campori : *Atti e Memorie, etc.*, vol. V, p. 300.

nous devons à l'extrême obligeance de M. A. Bertolotti, le savant conservateur des archives de Mantoue, à qui nous en exprimons toute notre gratitude :

« Je parlai avec Raphaël d'Urbin, relativement au PETIT TABLEAU *que Votre Excellence voudrait* DE SA MAIN. Je l'ai disposé à le vouloir faire et il le fera, bien qu'il ait, cependant, beaucoup de travaux. Pour se montrer serviteur de V. Exc. autant qu'il peut l'être, il s'est résolu à le vouloir exécuter de toute manière. Qu'il plaise donc (à V. Exc.) indiquer le sujet et me l'adresser, à moi, qui le ferai exécuter; et, aussitôt après, elle sera satisfaite selon son désir.

« Rome, 7 juin 1515[1]. »

Arrêtons-nous un instant. — Nous nous trouvons dès les premiers pas, on le voit, en présence d'un fait particulièrement intéressant : *la demande à Raphaël*, par Isabelle de Gonzague, marquise de Mantoue, d'un PETIT TABLEAU DE SA MAIN, et *la promesse, par Raphaël*, d'exécuter CE PETIT TABLEAU pour elle. Nous aurons l'occasion d'y revenir.

Le 8 novembre de la même année, 1515, Agostino Gonzaga écrivait de nouveau ce qui suit, au sujet du tableau mentionné :

« A ma très-illustre et excellente dame et maîtresse,

« Madame la Marquise de Mantoue.

« Quand je partis de Mantoue, Votre Excellence *me commanda de faire en sorte que Raphaël peignît pour elle un tableau.* Aussi, arrivé à Urbin, je lui écrivis immédiate-

1. V. in fine, Appendice, D, la lettre d'Agostino Gonzaga.

ment et *il me répondit qu'il était disposé à le faire.* Ayant eu, depuis, l'occasion d'aller à Rome, je le sollicitai avec de plus grandes instances, si bien qu'il me promit de laisser en arrière toutes ses autres œuvres commencées et à commencer, pour satisfaire V. E. Ill. Maintenant, en confirmation de ce qui précède, il m'écrit, demandant que je lui envoie la mesure du tableau et la lumière, parce qu'il pense bientôt le commencer. Conséquemment, si V. E. daigne me faire connaître l'un et l'autre, je m'occuperai du surplus, et si je savais pouvoir la servir en autre chose, je n'attendrais pas d'ordres pour le faire....

« D'Urbin, ce 8 novembre 1515[1]. »

« Mais il paraît, ajoute Campori, que Raphaël, dont le bon vouloir était entravé par la multiplicité des travaux qu'on lui confiait, procéda avec une extrême lenteur dans l'exécution de cette peinture[2].

« Une lettre d'Alphonse Paolucci, adressée de Rome au duc de Ferrare[3], — dont il était le mandataire, — sans date, mais très-vraisemblablement écrite vers 1519, le fait connaître dans les termes suivants[4] :

1. V. Campori : *Atti e Memorie, etc.*, 1870, vol. V., p. 304. — *Gazette des Beaux-Arts,* 1872, t. VI, p. 359-360. — V. in fine, Appendice, E.

2-4. *Ibid.* — V. in fine, Appendice, F.

3. Alphonse Ier, frère d'Isabelle.

Il n'y a pas s'étonner des retards que Raphaël peut avoir apportés dans la réalisation de sa promesse : la Sainte-Cécile de Bologne, commandée en 1513 à Raphaël, ne fut livrée que quatre ans après, en 1517. — V. Passavant, ouvrage cité, édit. française, 1860, t. I, p. 211; t. II, p. 149.

« ... chez Messire Balthasar Castiglione, avec lequel je parlai de Raphaël d'Urbin; et il me dit *qu'il y avait longtemps qu'il avait à faire une œuvre pour Madame la Marquise*[1], *et que jamais il n'y travaillait sinon quand il était présent,* tant ses occupations étaient grandes. Et il me dit tenir pour certain que, lui parti, il n'y travaillerait plus[2]. »

On a vu, par la lettre d'Agostino Gonzaga[3], qu'en novembre 1515, le tableau d'Isabelle n'était pas commencé; on voit, par la lettre de Paolucci, — de 1519, comme nous le constaterons plus loin, — qu'à l'époque où il écrivait, il n'était pas achevé. Agostino Gonzaga n'avait donc pas réussi à obtenir de Raphaël l'exécution du tableau promis.

Mais en 1519, la situation change. Balthasar Castiglione, absent de Rome depuis près de trois ans (mai 1516), c'est-à-dire depuis la chute du duc d'Urbin, qu'il y représentait et retiré à Mantoue, sa patrie, y est renvoyé (mars 1519), par le nouveau et jeune marquis de Mantoue, Frédéric, fils d'Isabelle, comme ambassadeur extraordinaire, pour solliciter du pape Léon X, la nomination du marquis en qualité de généralissime des troupes de l'Église, ce qu'il n'obtint que dans une seconde ambassade, en mars 1521[4]. C'est après son arrivée à Rome comme ambassadeur extraordinaire que Paolucci, qui avait lui-même remplacé

1. La Marquise de Mantoue.
2. Archives Palatines de Modène. — V. in fine, Appendice, G.
3. V. plus haut, p. 21.
4. V. J. Dumesnil, *Histoire des plus célèbres amateurs italiens et de leurs relations avec les artistes*. Paris, 1853, p. 154 à 162.

Mgr Costabili comme agent du duc de Ferrare auprès de Raphaël, reçoit de lui la déclaration rappelée dans la lettre citée plus haut : « *qu'il y avait longtemps que Raphaël avait à faire une œuvre pour Madame la Marquise* (de Mantoue), *et qu'il n'y travaillait jamais sinon quand il était présent* ».

Balthasar Castiglione s'est donc occupé, à partir de mars 1519, c'est-à-dire pendant sa mission à Rome en qualité d'ambassadeur du fils d'Isabelle, du tableau de la marquise de Mantoue; et, puisqu'il en parle à Paolucci comme d'une œuvre *en cours d'exécution*, mais *à laquelle Raphaël ne travaillait jamais qu'en sa présence*, il y a tout lieu de penser qu'il a eu à cœur de la voir terminer pendant son ambassade, et tout lieu de penser également que Raphaël, son ami le plus cher, qui utilisait, à cette époque, ses profondes connaissances archéologiques pour les fouilles qu'il faisait exécuter dans Rome[1], lui a donné satisfaction, puisqu'il savait en outre, en le faisant, le rendre agréable à la cour qu'il représentait[2].

Cela paraîtra d'autant plus évident si l'on considère qu'à cette même époque, ainsi que le constate une lettre de Paolucci au duc de Ferrare, en date du 12 septembre 1519, Raphaël a peint, pour la seconde fois, le portrait de Casti-

1. V. J. Dumesnil, ouvrage cité.

2. M. E. Müntz, dans son ouvrage cité : *Raphaël, sa vie, son œuvre et son temps*, Paris 1886, p. 297, dit, en parlant de Balthasar Castiglione : « L'expulsion de son maître, le duc d'Urbin, le décida, en 1516, à retourner dans sa patrie. Il ne revint à Rome qu'en 1519 et y passa en compagnie de Raphaël, qu'il ne devait plus revoir, une grande partie de l'année, de mars à novembre. »

glione[1]. Comment, en effet, l'ambassadeur du marquis de Mantoue se fût-il présenté à Isabelle avec ce second portrait, s'il n'avait obtenu du maître l'exécution du *petit tableau* que la marquise attendait depuis quatre ans déjà ?

Campori émet ensuite l'opinion que « *l'on peut, dans le tableau de Raphaël représentant une Sainte-Famille porté sur l'inventaire de Mantoue,* — dont nous parlerons plus loin, — *reconnaître le tableau peint par Raphaël pour Isabelle de Gonzague* et dont l'existence apparaît ainsi, dit-il, pour la première fois[2]. »

Et il appuie cette opinion au moyen des documents publiés[3] et dans lesquels « il est fait mention de *deux Madones ou, plus correctement, de deux Saintes-Familles de Raphaël,* existant dans la collection de Mantoue ; l'une désignée comme la *Grande Madone,* l'autre, comme la *Petite Madone,* l'inventaire précité n'en enregistrant toutefois qu'une seule (la petite).

« D'où l'on peut déduire avec sûreté, conclut-il, que, par la grande, on doit entendre *celle des Canossa ou la Perle,*

1. V. Campori : *Notizie inedite di Raffaello da Urbino, tratte da documenti dell' Archivio Palatino di Modena,* 1863, p. 27. — V. *Gazette des Beaux-Arts,* 1863, t. XIV, p. 451 : *Documents inédits sur Raphaël, tirés des Archives Palatines de Modène.*
V. E. Müntz, ouvrage cité, p. 567-568.
2. V. Campori : *Atti e Memorie, etc.,* 1870, t. V, p. 306. — *Gazette des Beaux-Arts,* 1872, t. VI, p. 362.
3. V. W.-N. Sainsbury : *Original unpublished papers illustrative of the life of sir Peter-Paul Rubens.* Londres, 1859, Appendix H.
V. Carlo d'Arco : *Delle Arti e degli Artefici di Mantova,* 1857-1859.
V. Armand Baschet : *Raccolta Veneta,* 1866.

laquelle, précisément, se compose de figures presque aussi grandes que nature; *par l'autre,* au contraire, LE PETIT TABLEAU *dont parle Agostino Gonzaga* et auquel se rapportent les deux lettres publiées plus haut[1]. »

Trois points demeurent donc acquis, dès à présent :

1° — *La demande* faite à Raphaël, en 1515, par Isabelle de Gonzague, D'UN PETIT TABLEAU DE SA MAIN, et *la promesse,* faite par Raphaël, *d'exécuter ce petit tableau* pour elle;

2° — L'attestation par Paolucci, représentant à Rome du duc de Ferrare, frère d'Isabelle, que ce tableau n'était pas encore achevé à l'époque où il écrivait, c'est-à-dire vers 1519, selon Campori;

3° — L'opinion de Campori que ce même tableau est celui repris à l'inventaire de Mantoue et désigné, dans les documents cités plus haut, sous le nom de *la Petite Madone de Raphaël.*

Nous les enregistrons, puisqu'ils dégagent d'autant le terrain de notre étude.

Dans la citation qui précède, Campori estime, on l'a vu, que la lettre de Paolucci a été *très vraisemblablement* écrite vers 1519. Son opinion se trouve confirmée par les faits. Jusqu'en 1519, le représentant à Rome du duc de Ferrare était Mgr Costabili, et c'est dans une lettre datée du 30 avril 1519, que le duc de Ferrare annonce à celui-

1. La lettre d'Agostino Gonzaga, du 8 novembre 1515, et celle de Paolucci, de 1519.

V. Campori : *Atti e Memorie, etc.*, 1870, vol. V. p. 306. — *Gazette des Beaux-Arts,* 1872, t. VI, p. 363. — V. in fine, Appendice, H.

ci, qu'en raison de son grand âge et de l'état de sa santé, il charge Paolucci de le remplacer dans ses rapports avec Raphaël[1].

Nous sommes donc fixés. — Voyons maintenant si nous ne découvrirons pas la trace ou la preuve qu'un tableau de Raphaël représentant une Sainte-Famille, a été transporté à Mantoue postérieurement à la lettre mentionnée de Paolucci.

1. V. Campori : *Notizie inedite di Raffaello, etc.*, p. 16. — *Gazette des Beaux-Arts*, 1863, t. XIV, p. 361 : *Documents inédits sur Raphaël, etc.*

Balthasar Castiglione, envoyé comme ambassadeur extraordinaire à Rome en mars 1519, y est resté jusqu'au 5 novembre suivant et n'y est revenu qu'en juillet 1520, c'est-à-dire après la mort de Raphaël, arrivée le 6 avril. (V. J. Dumesnil, ouvrage cité.) Paolucci ayant lui-même remplacé Mgr Costabili auprès de Raphaël en vertu de la lettre citée du duc de Ferrare, du 30 avril 1519 et des instructions personnelles que le duc lui envoyait le même jour, c'est donc exactement entre le 30 avril et le 5 novembre 1519, qu'il a écrit la lettre rapportée plus haut. — Selon toute apparence et d'après la correspondance échangée entre le duc de Ferrare et Paolucci, c'est même au début de cette période qu'elle appartient.

Dans son ouvrage intitulé : *Delle Arti e degli Artefici di Mantova*, t. II, p, 86, M. le comte Carlo d'Arco cite cette lettre de Balthasar Castiglione, l'ami de Raphaël, alors décédé, à sa mère, qui habitait Mantoue [1].

« En raison de ce que la cour me demande d'envoyer ce muletier, je l'ai chargé de certaines choses m'appartenant, pour ne pas en être embarrassé quand je me rendrai à Mantoue. Je désire surtout apprendre qu'elles sont arrivées sauves, et, pour cela, que V. S., aussitôt leur arrivée, m'en informe et les fasse déballer et placer dans un endroit où elles ne soient vues de personne et ne s'enfument pas. Le petit cabinet de V. S. serait bon. Il y aura *un tableau d'une Notre-Dame de la main de Raphaël*, une tête de paysan et une petite figure antique de marbre, qui sont choses qui me sont très-chères, et, comme je l'ai dit, que V. S., de grâce, ne les laisse voir à personne. Je n'écris rien autre, parce que ce messager, je crois, arrivera tardivement.

« Il y aura encore un petit paquet de la duchesse veuve [2].

« Je me recommande à V. S.

« Rome, aujourd'hui, 29 décembre 1520 [3]. »

1. Cette lettre a aussi été publiée par Serassi. — V. Serassi, Pier-Antonio : *Lettere del conte Baldessar Castiglione*, Padoue, 1769, t. I, p. 75.

2. Elizabeth Gonzaga, veuve de Guidobaldo, duc d'Urbin, chassée de cet État en 1516, avec son fils, était allée habiter Mantoue, sa patrie. — V. C. d'Arco, ouvrage cité, t. II, p. 87, annotation 3.

3. V. in fine, Appendice, I.

Ainsi donc, *un tableau a été envoyé de Rome à Mantoue,* à la fin de décembre 1520, par Balthasar Castiglione, l'ami le plus intime, le plus cher de Raphaël et d'Isabelle de Gonzague; *ce tableau était petit,* puisqu'il devait l'emporter lui-même et que ce n'est que par occasion qu'il l'a confié à un muletier, en même temps qu'un autre représentant une simple tête et une statuette en marbre; *il était de Raphaël,* Balthasar le dit expressément, et *il représentait une Notre-Dame,* c'est-à-dire *une Sainte-Famille*[1], il le dit aussi. Nous n'avons pas la preuve que ce tableau est entré dans la collection de la Marquise de Mantoue; mais, étant données les relations d'Isabelle avec Castiglione, qu'elle considérait comme un frère, ainsi qu'il est dit plus haut, c'est une supposition parfaitement admissible.

On peut facilement admettre, en effet, que Balthasar Castiglione ne recommandait si instamment à sa mère de ne laisser voir à personne les objets d'art qu'il lui envoyait, que parce qu'il voulait se réserver l'honneur de remettre lui-même ces objets à la marquise de Mantoue, avec laquelle il était en de si excellents termes.

Pour bien comprendre la nature et le motif de la recommandation si pressante de Balthasar Castiglione, il faut retenir, d'ailleurs, que sa mère était une Gonzague, nous l'avons signalé, et qu'elle était conseillère et *compagne inséparable d'Isabelle*[2], ce qui pouvait naturellement lui

1. V. plus haut, p. 25.
2. V. Serassi, ouvrage cité, Padoue. 1769, t. I, p. 6, note :
« Luigia Gonzaga, madre del conte Baldessare, fu della prosapia de' marchesi di Mantova... Quasi da' consigli di Lei si governava

faire appréhender une communication ou une remise inopportunes de sa part.

Quoi qu'il en soit et sans nous arrêter autrement sur ce point, nous sommes en mesure de répondre à la troisième question posée au début de notre travail, et de dire :

Oui, *la trace d'un tableau qui peut être celui de la Petite Sainte-Famille* existe ;

Oui, si ce tableau a été peint, il l'a été à la demande de quelqu'un : *à la demande d'Isabelle de Gonzague, marquise de Mantoue, qui avait demandé à Raphaël, dès 1515,* UN PETIT TABLEAU DE SA MAIN, *et à laquelle Raphaël avait promis de le faire.*

quello Stato, massimè nell'assenza de' Signori, essendo consigliera e compagna indivisibile di Madama Isabella da Este, Marchesana. »

VII

Nous nous trouvons en présence de la quatrième et de la cinquième question :

— Quelle *preuve* a-t-on que le tableau dont on trouve ainsi la trace, c'est-à-dire *que le petit tableau demandé par Isabelle de Gonzague et promis par Raphaël,* a été peint et livré ?

— Quelle *preuve* a-t-on également que ce tableau est la *Petite Sainte-Famille ?*

La réponse est facile et résulte de pièces authentiques.

Dans l'inventaire dont parle Campori[1], inventaire détaillé, dressé en 1627, des tableaux et autres objets d'art *della Corte* des ducs de Mantoue et conservé dans les archives de ladite ville[2], *le tableau qui nous occupe est, en effet, catalogué, décrit et évalué.*

Voici ce que dit, dans son article 8e, l'inventaire dont il s'agit :

1. V. plus haut p. 25.

2. V., dans l'ouvrage déjà cité du comte Carlo d'Arco, *Delle Arti e degli Artefici di Mantova*, Mantoue, 1857-1859, t. II, p. 153 à 171 : « *Inventario della Galleria dei quadri e di altri oggetti d'arte della Corte dei Duca di Mantova*, compilato all'anno 1627. (Inedito.)

Cet inventaire est tiré de l'*Inventario bonorum hæreditatis quondam seren. Ducis Ferdinandi, confecto ordine seren. Ducis Vicentii II. anno 1627.*

« — Die martis 12 Januar 1627,

« Nella logion serata che guarda nel giardino altre volte de' bussi,

« *Un quadro, con sopra una Madonna, l'Elisabetta, S. Gio. e N. S.* con ornamento fregiato d'oro, *di mano di Raffael d'Urbino.*

« Scut. 200. — L. 1200. »

C'est-à-dire :

« Dans la grande galerie fermée qui a vue sur le jardin dit autrefois des Buis :

« *Un tableau représentant la Vierge, sainte Élisabeth, saint Jean et Notre-Seigneur*, avec cadre orné d'or, *de la main de Raphaël d'Urbin.*

« Écus 200. — Livres 1200. »

Or, *cette description s'applique exactement, rigoureusement, à la composition de la* Petite Sainte-Famille; *l'ordre dans lequel sont présentés les personnages concorde aussi, de tous points, avec celui des personnages de la même composition*, et, enfin, le prix indiqué témoigne, puisqu'il s'agit d'un tableau de Raphaël, qu'il s'agit d'*un petit tableau.*

On serait peut-être porté à dire : Mais une telle description peut convenir à plus d'un tableau de Raphaël, qui a composé tant de Saintes-Familles !

Ce serait une erreur.

La *Petite Sainte-Famille* est LE SEUL TABLEAU de Raphaël composé *de la Vierge, sainte Élisabeth, saint Jean et l'Enfant Jésus.* Tous les autres, *sans exception*, et c'est là un point essentiel à retenir, *ont plus* ou *ont moins* de personnages, ou sont composés de *personnages différents.* Cette remarque n'avait pas encore été faite, que nous sachions.

Et il n'y a pas à supposer non plus que la description de l'inventaire s'applique ou puisse s'appliquer à la *Grande Sainte-Famille* de Raphaël qui existait également dans la collection de Mantoue, c'est-à-dire au tableau provenant des Canossa et dit aujourd'hui *la Perle.*

D'abord, l'évaluation de 200 écus ou 1200 lires ne saurait un instant lui convenir, quand on connaît le prix dont l'ont payée les Gonzague [1] et celui offert par Nys pour son acquisition [2].

Ensuite, *la Perle* est indiquée dans les auteurs anciens, à commencer par Vasari [3], comme ayant une *Sainte Anne* dans sa composition, et il n'est pas admissible que l'on ait, en 1627, à Mantoue même, désigné sainte Anne sous le nom de sainte Élisabeth, puisque Van der Doort, qui a dressé son catalogue quelques années après l'arrivée du tableau à Londres et qui devait posséder ses renseignements de Mantoue, la désigne lui-même sous le nom de sainte Anne [4].

« L'attitude familière de la sainte Vierge avec la sainte,

1. V. A. Baschet : *Gazette des Beaux-Arts,* 1866, t. XX, p. 425.
V. W.-N. Sainsbury : *Original, unpublished papers, etc.* Appendix H, p. 325-326.
V. A. de Reumont : *Jahrbücher für Kunstwissenschaft,* Leipzig, 1869, vol. II, p. 250 à 255.

2. V. p. 39, les Notes ou États de Daniel Nys.

3. V. Vasari, *Le Vite de' più eccellenti pittori, etc.* Florence, 1879, t. IV, p. 351. — V. in fine, Appendice, J.

4. V. *Catalogue... of King Charles I... pictures, etc.,* dressé par Van der Doort, vers 1639, pub. Bathoe, Londres, 1757, p. 106, n° 11. — V. in fine, Appendice, K.

lui posant son bras gauche sur l'épaule, dénote surabondamment, dit le commandant Paliard, que c'est sa mère [1]. »

Mais en dehors de cette question, à laquelle nous ne nous arrêterons pas autrement, il est à retenir que le tableau dit *la Perle* ne contient pas seulement quatre personnages, mais CINQ : *la Vierge, le Christ, saint Joseph, saint Jean et sainte Anne*, ainsi que tous les auteurs et les catalogues anglais et espagnol l'indiquent [2]. Il ne saurait donc être confondu avec la *Petite Sainte-Famille*, qui n'en a que QUATRE : *la Vierge, sainte Élisabeth, saint Jean et l'Enfant Jésus*.

Donc, après avoir établi, par les lettres d'Agostino Gonzaga, citées par Campori, qu'Isabelle de Gonzague avait *demandé à Raphaël* UN PETIT TABLEAU DE SA MAIN et que *Raphaël avait promis* d'exécuter CE PETIT TABLEAU pour elle; après avoir établi, par la correspondance de Paolucci, citée par le même Campori, que ledit tableau n'a pas été fait avant 1519; après avoir établi encore, par une lettre de Balthasar Castiglione, citée par Serassi et par C. d'Arco, qu'en 1520, Balthasar Castiglione, ami intime de Raphaël

1. V. Paliard, *Gazette des Beaux-Arts*, 1878, t. XVIII, p. 209 à 216 : « La Petite Madone d'Orléans et diverses erreurs de Passavant. »

2. V. *Catalogue... of King Charles I... pictures, etc.*, cité page précédente.

V. *Catàlogo descriptivo e historico del Museo del Prado de Madrid*, por D. Pedro di Madrazo, Madrid, 1872, p. 192. nº 369. — V. in fine, Appendice, L.

V. D. Antonio Conca : *Descrizione odeporica della Spagna*, Parma, 1793. t. II, p 49-50.

V. P. Francesco de los Santos : *Descripcion breve del Monasterio de S. Lorenzo del Escorial*, Madrid, 1657, p. 44.

et d'Isabelle de Gonzague, expédiait à sa mère, à Mantoue, *un petit tableau de la main de Raphaël* représentant une *Sainte-Famille*, qu'il recommandait de ne laisser voir à personne, — sans prétendre, cependant, que ce tableau soit entré dans la collection de Mantoue, — nous sommes arrivés à établir aussi, d'une manière irréfutable puisqu'elle résulte d'une pièce authentique, d'un inventaire existant aux archives de la ville, que la collection de Mantoue renfermait *un tableau de Raphaël composé exactement et dans le même ordre, des mêmes personnages que la Petite Sainte-Famille;* par le prix fixé, nous constatons encore que ce tableau devait être *petit.* — Nous verrons plus loin, au moyen d'autres documents, qu'il l'était en effet.

Nous sommes donc en mesure de répondre avec certitude à la quatrième et à la cinquième question posées, et de dire :

Oui, *le petit tableau* demandé en 1515 par Isabelle de Gonzague à Raphaël et promis par celui-ci, a été peint et livré; *la preuve* qu'il a été peint et livré, c'est qu'on le trouve *catalogué, décrit et estimé* dans un document authentique, *dans l'inventaire dressé en 1627, des tableaux et objets d'art della Corte des ducs de Mantoue.*

Oui, ce tableau est celui de la *Petite Sainte-Famille;* la preuve s'en trouve encore dans la description même donnée par l'inventaire précité de la composition dudit tableau, *description qui ne peut s'appliquer qu'à la Petite Sainte-Famille seulement,* — et dans son évaluation.

Nous avons maintenant à examiner ces deux points :

— Comment le tableau de la *Petite Sainte-Famille* est-il sorti des mains de la personne qui le possédait à l'origine ou des mains de ses héritiers ?

— Dans quelles mains est-il alors passé ?

Chacun sait que la collection de tableaux et autres objets d'art des marquis, depuis ducs de Mantoue, a été vendue par Vincent II et acquise, en grande partie, par Charles Ier, roi d'Angleterre.

« La vente ne se fit point en un jour ; on échangea une longue correspondance....

« Proposée le 11 novembre 1626, la première négociation eut des lenteurs jusque vers le mois de mars 1627... ; elle fut accomplie du 4 au 8 septembre suivant[1]. »

C'est par l'entremise d'un marchand français établi à Venise, nommé Daniel Nys, et d'un comte Alessandro Striggi, « sorte de ministre-intendant de la maison de Vincent II, duc de Mantoue », qu'elle eut lieu[2].

Un sieur Nicolas Lanier ou Laniere, italien, dont on retrouvera le nom plus loin, « maître de musique du roi d'Angleterre et, en même temps, juge compétent et grand

1. V. A. Baschet : *Raccolta Veneta*, 1866, Dispensa II, p. 97. — V. in fine, Appendice, *Aa*.

2. *Ibid.*, p. 93.

amateur de peinture, avait été envoyé par lui en Italie dès 1625, pour lui procurer des peintures choisies[1] ». Entré dès cette époque en rapports avec Nys, qui l'introduisit même alors à la cour de Mantoue, Laniere joua un rôle dans l'affaire[2].

Voici ce que dit, à cette occasion, M. Alfred de Reumont, « savant allemand très-entendu dans l'histoire de l'Italie et dans l'histoire de l'art[3] », dans un article publié en 1881 dans l'*Archivio della Società Romana di Storia Patria* et intitulé : *La Sacra Famiglia detta la Perla*, di Raffaello Sanzio :

« La négociation s'engagea sans perte de temps, Vincent de Gonzague n'éprouvant aucun scrupule à se défaire des monuments recueillis par ses ancêtres, parmi lesquels furent les plus aimés de la marquise Isabelle, renfermés dans la Grotta du palais ducal.

« Aux premiers jours de mars 1627, Nys tenait en mains les listes, avec les prix, des tableaux. Dans la liste principale nous trouvons les suivants :

« Les Douze Césars, du Titien ; une *Madone de Raphaël* (*grande*)..., une *Madone de Raphaël* (*petite*)..., etc.

« Ainsi, poursuit-il, les tableaux de Mantoue, *avec la Sainte-Famille des Canossa* et *l'autre, de la main de Raphaël, qui doit être celle peinte pour Isabelle d'Este*, passèrent, pour la somme de 86 000 écus, en Angleterre[4]. »

1. V. W.-N. Sainsbury : *Original unpublished papers, etc.*, Appendix H, p. 320. — V. in fine, Appendice, M.
2. V. A. Baschet : *Raccolta Veneta*, 1866, Dispensa II, p. 96.
3. V. Campori : *Atti e Memorie, etc.*, 1870, vol. V, p. 305. — *Gazette des Beaux-Arts*, 1872, t. VI, p. 360.
4. V. in fine, Appendice, N.

Remarquons ici que de Reumont est d'accord avec Campori pour considérer la *Petite Madone de Raphaël* existant dans la collection de Mantoue, *comme devant être le tableau promis par Raphaël à Isabelle.*

Le comte C. d'Arco, dans ses *Altre notizie intorno alle Arti ed agli Artefici di Mantova*, cite, de son côté, d'après W. Noël Sainsbury[1], une lettre de Daniel Nys en date du 27 avril 1628, dans laquelle celui-ci déclare qu'il avait arrêté avec Vincent de Gonzague, l'achat de beaucoup de peintures, et, parmi celles-ci, il nommait.... *la Madone des Canossa, de Raphaël*, etc.[2]

Le fait est donc bien établi : il existait, dans la collection des ducs de Mantoue, une *grande* et *une petite Sainte-Famille de Raphaël*,

Cela résulte à l'évidence des pièces que nous venons de citer, c'est-à-dire de l'inventaire qui décrit et évalue *la petite;* de la lettre de Nys, ci-dessus rappelée, qui mentionne *la grande* (celle des Canossa ou *la Perle*).

Mais d'autres documents encore en témoignent.

Les Notes ou États de Daniel Nys, publiés par Armand Baschet dans la *Raccolta Veneta*, en 1866, et existant aux archives de Mantoue, portent, en effet, ce qui suit :

Page 104,

« La note qui m'a été envoyée, écrit Nys, s'élève à . . . . S. 19.598

1. V. Carlo d'Arco : *Delle Arti e degli Artefici di Mantova*, ouvrage cité, t. II, p. 288-289. — V. W.-N. Sainsbury : *Original unpublished papers, etc.*, Appendix H, p. 325-326.

2. C'est dans sa lettre du 12 mai 1628 que Nys mentionne ce tableau.

« Et outre cela, je voudrais :

Les Douze Césars du Titien	S. 5.000
La grande Madone de Raphaël. . .	4.000
La Madone et l'Évangéliste, del Sarto	2.000
La petite Madone de Raphaël. . . } La Madone del Sarto, esquisse. . }	402

. . . .

« Venise, 27 mars 1627 [1]. »

Dans une autre Note, remise quelques jours après, il indique encore :

Page 106,

« *La Madone de Raphaël.*	S. 4.000
La Madone d'André del Sarto . . .	2.000
La petite Madone de Raphaël [2]. . .	500
La Madone del Sarto, esquisse. . .	200

. . . .

« Venise, 3 avril 1627 [3]. »

Enfin, dans une Note du 24 avril suivant, il dit :

Page 108,

« J'ai reçu votre estimée du 21 courant, avec les prix de la 4e liste. Et, afin que le tout soit bien entendu, je reprends le passé pour conclure ferme.

« *La première liste*, sur une quantité de tableaux, en trois feuilles de papier, les prix mis par V. S. I., un à un, comportait :

Ducni. 19.598 — J'offre S. 19.598

1. V. in fine, Appendice, O.

2. On voit que le prix de la *Petite Madone* a été spécialement débattu, puisque Nys fait plus que doubler ici la somme qu'il en avait d'abord offert.

3. V. in fine, Appendice, P.

	Ducats		Écus
« *La seconde,* 12 empereurs, du Titien ; *Madone de Raphaël* ; Madone d'André del Sarto ; St Jérôme de Jules Romain	27.000	—	12.000
« *La troisième,* les trois Grâces, du Guide ; les Mondes, de Breughel le Vieux ; 8 Ovales, de Breughel le Vieux ; *la petite Madone de Raphaël* ; deux tableaux du Corrège ; un tableau d'une famille de beaucoup de portraits ; une Madone André del Sarto, esquisse	7.700	—	3.400
« J'ai ensuite offert, sur tout le marché			5.000
« Tableaux refusés selon sa note	7.125	—	2.000
« *La quatrième liste,* le Saint Jérôme, de Quintino ; la Lucrèce Romaine (des deux la meilleure) ; Madone de Palma le Vieux	1.000	—	1.000
Ducats . . .	62.423	Écus	42.998

. . . .

« Venise, 24 avril 1627[1]. »

Nous avons ainsi la preuve, répétée et authentiquée par des documents conservés aux archives de Mantoue, qu'il existait, comme nous l'avons dit, dans la collection des ducs de Mantoue, *deux Madones ou Saintes-Familles de Raphaël, une grande* et *une petite ; la grande,* qui était celle des Canossa, aujourd'hui *la Perle,* dont la composition ne nous est connue que par Vasari et par le tableau

1. V. in fine, Appendice, Q.
Nys a successivement élevé ses offres à 45 000, 50 000, 68 000 écus. V. ses lettres des 10 et 24 avril, 14 mai et 17 octobre 1627.

même, puisqu'elle ne figure pas à l'inventaire dressé en 1627 que nous possédons, et *la petite*, décrite audit inventaire et qui, de toute évidence, est *le petit tableau* demandé par Isabelle de Gonzague à Raphaël, que Raphaël avait promis de faire dès 1515 et qu'il n'a exécuté, au plus tôt, qu'en 1519, date à laquelle appartient précisément la composition.

Une question vient naturellement ici à l'esprit et nous ne voulons pas la passer sous silence : Pourquoi, peut-on se demander, l'inventaire dressé en 1627 décrit-il *la Petite Sainte-Famille* et ne fait-il aucune mention de *la grande*, beaucoup plus importante ?

La réponse est simple.

C'est que l'inventaire de 1627 que nous connaissons, ne s'appliquait, *comme il est dit dans son en-tête*, qu'aux tableaux et autres objets d'art « *della Corte* dei Duca di Mantova », c'est-à-dire aux tableaux et autres objets d'art du *Palais de la Cour* des ducs de Mantoue; car les ducs de Mantoue possédaient plusieurs palais[1], ou peut-être

1. Outre le Palais de la Cour, ils possédaient notamment : le Palais du Té, celui de la Pusterla, près Saint-Sébastien, un autre à Venise, un autre à Sachetta, ainsi que les Palais ou Villas de Marmirolo, Gonzaga et Revere.

V. C. d'Arco : *Istoria della vita e delle opere di Giulio Pippi Romano*, Mantoue, 1842, p. 41 et suiv. — V. C. d'Arco, ouvrage cité précédemment, t. I, p. 56 et 64 ; t. II, Inventaire cité, mentionnant le transport de quelques tableaux de la Pusterla au Palais, de la Cour ; — V. A. Baschet, *Raccolta Veneta*, 1866, disp. II p. 95. — V. Fréd. Villot, *Catalogue du Louvre*, édit. 1875 : Écoles d'Italie, p. 102-103-153. — V. Gian.-Battista Intra : *La Cattedrale di Mantova*, 1886, p. 7. — V. in fine, Appendice, R.

même aux tableaux et autres objets d'art renfermés dans certaines parties seulement dudit *Palais de la Cour*. Ce qui est incontestable, c'est que d'autres œuvres importantes faisant partie des acquisitions de Daniel Nys à Mantoue, telles que les deux peintures en détrempe du Corrège, alors si estimées et actuellement au Louvre, n'y figurent pas non plus.

Ces deux peintures sont cependant décrites dans un inventaire dressé près de cent ans auparavant (vers le milieu du seizième siècle) des objets trouvés *dans le cabinet de travail* d'Isabelle d'Este, situé « *in Corte Vecchia*, appresso la Grotta[1] ».

Elles sont, en outre, spécialement signalées dans deux lettres de Nys des 1er et 14 mai 1627, *comme ayant été transportées* de la « galerie » où elles étaient habituellement, *dans la Grotta*[2].

1. V. *Archivio Storico Italiano*, Appendice, t. II, p. 324-326.
V. *Cabinet de l'Amateur et de l'Antiquaire*, 1846, t. IV, p. 375-380.
V. Carlo d'Arco : *Delle Arti e degli Artefici di Mantova*, ouvrage cité, t. II, p. 134-135.
V. in fine, Appendice, S.

2. *La Grotta* était composée de cinq pièces ou chambres au rez-de-chaussée du Palais de la Cour. — V. Raffaello Toscano : « *L'Édificazione di Mantova* », Padoa, 1586, p. 22-23.
V. in fine, Appendice, T-U.
Si la situation était inverse, c'est-à-dire si l'inventaire décrivait la *Perle* au lieu de décrire la *Petite Sainte-Famille*, la question ne serait, du reste, que déplacée; car on aurait alors à se demander : Pourquoi l'inventaire ne mentionne-t-il pas la *Petite Madone* ou *Petite Sainte-Famille* de Raphaël, indiquée cependant plusieurs fois, dans les Etats de Daniel Nys, comme existant, en même temps que la *Perle*, dans la collection de Mantoue ?

IX

Voilà donc Daniel Nys en possession d'une grande partie des tableaux et objets d'art de la collection de Mantoue, acquis par lui pour le compte du roi d'Angleterre, Charles Ier. — Que devinrent ces tableaux et objets d'art? — Furent-ils tous envoyés fidèlement à Londres?

Question délicate et difficile à résoudre.

Daniel Nys était un homme d'affaires habile, en même temps qu'un connaisseur émérite [1]. Sa correspondance témoigne qu'il n'était pas toujours fort scrupuleux, car, en même temps qu'il écrit à Mantoue, par exemple, que les prix qu'il offre sont exagérés et hors de proportion avec la valeur des objets, il écrit à Londres absolument le contraire [2].

D'un autre côté, Daniel Nys éprouva de grandes difficultés dans le règlement de ses comptes avec Charles Ier. Il ne put recevoir le prix des acquisitions qu'il avait faites à Mantoue, ainsi qu'en témoigne sa même correspondance, qu'avec beaucoup de peine et après des ennuis de toute nature. Des traites lui revinrent impayées de Londres et, à un moment donné, toute sa fortune fut même engagée dans l'opération [3]. Pour ces divers motifs, il ne serait donc pas

1. V. A. Baschet : *Raccolta Veneta*, 1866, Dispensa II, p. 94.
2. V. Lettres de Nys des 3 avril 1627 et 12 mai 1628, in fine, Appendice, V-W.
3. V. W.-N. Sainsbury : *Original unpublished, papers, etc,*

trop surprenant que Nys eût cherché à compenser d'une manière quelconque, — l'omission de l'envoi de quelques tableaux dont il appréciait hautement le mérite, par exemple, ou la substitution de certains tableaux à d'autres, chose facile pour lui, car Nys était marchand, — ce que sa situation pouvait avoir offert de périlleux.

On serait d'autant plus porté à l'admettre, que Daniel Nys n'a pas envoyé en Angleterre les acquisitions qu'il faisait à Mantoue, à mesure qu'il les faisait et dans l'ordre où il les faisait ; mais qu'il a commencé à n'envoyer d'abord que les moins belles, ainsi qu'il le constate lui-même dans ses lettres [1], conservant dans ses mains ce qu'il estimait de plus précieux.

Un fait caractéristique, rapporté par lui-même, donnera une idée de ce qui a pu se passer et du singulier désordre qui a régné dans l'envoi des tableaux et statues achetés.

Dans une lettre à Thomas Cary, datée de Venise le 3/13 juin 1631, Nys dit :

« Monseigneur [2],

« En réponse à votre très-aimable lettre datée de Greenwich 13 mai dernier, vieux style, j'ai écrit il y a plus de huit jours à M. Rowlandson, qu'ayant été assailli par mes créanciers, qui croyaient me réduire à leur discrétion, je

Appendix H, p. 339-340 : Mémoire adressé par D. Nys à Charles Ier

1. V. W.-N. Sainsbury, *Original unpublished papers, etc.*, Appendix H, p. 333 : lettre de Daniel Nys au roi Charles Ier, du 16/26 juillet 1630 ; p. 334 : Instructions de Daniel Nys à son agent en Angleterre.

2. V. in fine, Appendice, X.

leur ai tout à coup ouvert mes coffres et ma maison, en leur disant : Payez-vous tous jusqu'au dernier liard, ce qu'ils ont fait.

« Or, dans ce bouleversement, mes gens ont trouvé, dans une pièce de derrière, des tableaux et statues appartenant au Roi, mon très-gracieux Maître, ce dont je fus grandement étonné et, en même temps, réjoui. J'en ai de suite avisé M. Rowlandson et M. Burlamachi.

« Les peintures sont :

« Une Madeleine, demi-grandeur, du Titien;

« Une Lucrèce nue, du Titien;

« Trois têtes en une peinture, du Titien;

« Portrait d'une dame en costume vert, de Raphaël.

« Les statues :

« Une grande statue, en cuivre ancien, très rare;

« Une femme accroupie, en marbre, que certains croient être la Vénus delli Ely, d'autres Hélène de Troie. C'est la plus belle de toutes les statues. Elle est estimée 6.000 écus:

« Un enfant, par Michel-Ange Buonarotti;

« Un enfant, par Sansovino;

« Un enfant, par Praxitèle.

« Ces trois enfants sont au-dessus de tout prix et ce sont les choses les plus rares que le duc possédait. J'enverrai le tout par les premiers navires anglais. »

. . . .

On voit que les tableaux et statues que Daniel Nys *égarait* dans sa propre maison, puisque leur découverte, d'après ce qu'il écrit, le frappa d'étonnement, n'étaient pas les premières pièces venues, au contraire.

Dans une lettre adressée le 30 septembre/10 octobre de la même année 1631 à lord Dorchester, premier secrétaire d'État, le résident anglais à Venise, Thomas Rowlandson, se plaint de ce que Nys ne veut pas lui remettre les tableaux et statues qu'il a chez lui[1]; Nys constate lui-même son refus dans sa lettre audit lord Dorchester, en date du 7/17 octobre suivant[2].

Ces divers faits pourraient justifier l'hypothèse, précédemment émise, de l'omission de l'envoi de quelques tableaux ou de la substitution de certains tableaux à d'autres.

Mais ce n'est là, cependant, qu'une hypothèse.

On pourrait croire que, pour être fixé, il suffirait de consulter les catalogues dressés sous Charles Ier ou lors de la mise en vente de toutes ses collections, selon la décision du Parlement du 23 mars 1648, et en vertu des actes des 4 juillet 1649 et 17 juillet 1651.

Il n'en est rien.

Le catalogue imprimé d'Abraham Van der Doort, que l'on cite souvent, publié à Londres par Bathoe en 1757 et dont le manuscrit en deux volumes, portant sur la couverture la date de 1639, se trouve à l'Ashmolean Museum, aujourd'hui Bodleian Library, d'Oxford[3], *ne concerne que 563 tableaux ou miniatures*, renfermés à Whitehall, dont

1. V. W.-N. Sainsbury : *Original unpublished papers, etc.*, Appendix H, p. 338.

2. *Ibid.*, p. 339.

3. Au sujet de ces deux pièces, voici ce que dit Horace Walpole

Van der Doort était conservateur[1], sur lesquels 70 provenaient de Saint-James et de Hampton-Court. Or, on sait que *Charles Ier possédait au moins* 1417 *tableaux*, ainsi qu'il ressort du résumé ci-dessous des inventaires dressés par ordre du Parlement lors de leur mise en vente[2].

Waagen, dans ses *Treasures of Art in Great Britain*, Londres, 1854, vol. I, p. 9-10, fait même remarquer que le catalogue de Van der Doort ne mentionne, en particulier, que 38 des 88 peintures principales signalées en tête de l'ouvrage par l'éditeur et relevées dans les inventaires précités du Parlement, ajoutant que parmi ces 88 peintures ne figurent même pas « des œuvres de la plus haute importance,

dans ses *Anecdotes of Painting in England*, Londres, J. Dodsley, 1786, vol. II, p. 78 :

« Ce Catalogue (le manuscrit de Van der Doort) fort précieux malgré les incorrections qu'il renferme et le mauvais anglais dans lequel il est rédigé, ne fut, je crois, jamais complété, ce qui peut avoir eu pour cause la mort prématurée de son auteur. Il est fait mention, dans les MS, de beaucoup de peintures indubitablement de cette collection (celle de Charles Ier) qui ne sont pas mentionnées dans le catalogue imprimé. » — V. in fine, Appendice, Y.

1. Le catalogue s'applique à beaucoup d'autres objets d'art.

2. Voici l'état de ces tableaux. — V. Bathoe, Londres, 1757, *Pictures belonging to King Charles the first, at his several palaces, apprised and most of them sold by the Council of State*, p. 1 à 8.

Wimbledon et Greenwich.	143
Bear Gallery, plus quelques-uns des appartements privés, à Whitehall	61
Oatland.	81
Nonsuch-House	33
A reporter.	318

Report.	318
Sommerset-House, y compris ceux provenant de Whitehall et de St-James	477
Hampton-Court.	332
Au Parlement, dans les Comitee-Rooms.	...
St-James	290
Total	1.417

telles que l'*Éducation de Cupidon*, du Corrège, *le Christ et les disciples à Emmaüs*, du Titien, etc. »

Il serait difficile, probablement même impossible aujourd'hui, de reconstituer la liste exacte et complète des tableaux de Charles Ier; car, indépendamment des lacunes ou des erreurs de certains inventaires [1], il ne faut pas perdre de vue que, pendant les troubles qui ont précédé la révolution de 1648 et pendant la révolution même, un certain nombre ont disparu [2].

On pourrait penser encore, peut-être, que les tableaux ou objets d'art ayant composé les collections de Charles Ier, ayant été marqués à son chiffre, — l'ont-ils été tous? — un C et un R couronnés, sont ainsi reconnaissables.

Ce serait également une erreur, du moins pour partie d'entre eux.

Une décision de la Chambre des Lords rendue le 9 mai 1660, c'est-à-dire lors de la restauration de Charles II, a institué, en effet, un *comité spécial, chargé d'effectuer la recherche et la saisie de tous les tableaux et objets d'art ayant*

1. Les inventaires manuscrits dressés par ordre du Parlement, sont conservés au *Land Revenue Record Office*, à Londres; mais leurs indications, souvent trop sommaires, peuvent donner lieu à beaucoup de confusions. — D'un autre côté, des ventes ont eu lieu dès 1645, c'est-à-dire bien avant l'établissement desdits inventaires, effectué en 1649 seulement. (V. décision du Parlement du 23 juillet 1645 ordonnant, en particulier, la vente immédiate des peintures et statues de York-House.)

2. V. H. Walpole : *Anecdotes of Painting in England*, édition annotée par Dallaway et Wornum, Londres, 1849, vol. I, p. 287 : « ... Large quantities were undoubtedly secreted and embezzled. »

V. Ch. Blanc : *Le Trésor de la Curiosité*. Paris, 1857, t. I, p. xxv

appartenu à Charles Ier et vendus pendant la révolution[1]. — Or, il est facile de comprendre qu'à la suite d'une telle résolution, le premier soin de certains possesseurs, sinon de tous, aura été de faire disparaître la marque royale, ou de faire passer et vendre à l'étranger les pièces possédées.

Mais un fait est à remarquer.

Le catalogue de Van der Doort *signale spécialement*, parmi les tableaux qu'il décrit, *ceux provenant de Mantoue*, au moyen de l'annotation : *A Mantuan piece.*

C'est ainsi qu'à la page 106 et sous le nº 11, nous trouvons *la Perle* décrite, avec la mention : « *A Mantuan piece*, done by Raphaël Urbin[2]. »

Trois autres tableaux, bien que simplement « de l'école de Raphaël, » ceux décrits page 10, sous le nº 36, pages 10-11, sous le nº 38, tous deux représentant la Vierge, le Christ et sainte Catherine, et celui décrit page 156 sous le nº 23, représentant la Vierge et des anges dans des nuages, portent la même mention.

Aucune indication n'existe, au contraire, pour ceux décrits p. 125 sous le nº 9 et p. 171 sous le nº 19, représentant, l'un, la Vierge, le Christ et saint Jean, « de Raphaël[3]; » l'autre, la Vierge et le Christ, « de l'école de Raphaël, » ni pour aucun autre tableau de Raphaël ou de son école.

1. V. *Reports of the Royal Commission on historical manuscripts*, Londres, 1879, 7e Report, p. 88. (MS. of the House of Lords.) — V. in fine, Appendice, Z.

2. V. Bathoe : *Catalogue... of King Charles I... Pictures, etc.* Londres 1757.

3. Ce tableau, qui ne figure pas d'ailleurs sur les États de Nys, est aujourd'hui contesté.

Van der Doort ne mentionne donc qu'*un seul tableau de Raphaël comme provenant de Mantoue, la Perle.*

Or, nous avons vu et surabondamment établi, par les documents cités, qu'*il existait deux Saintes-Familles de Raphaël dans la collection de Mantoue : la grande*, c'est-à-dire *la Perle*, et *la petite*, c'est-à-dire la *Petite Sainte-Famille*, toutes deux comprises dans les listes d'acquisition ou États de Daniel Nys[1].

Qu'est devenue *la Petite?*

Ce que nous pouvons constater, c'est que le tableau mentionné plus haut sous le n° 9 et dont parlent Passavant et Waagen en lui attribuant chacun un sort différent[2], *n'est pas la Petite Sainte-Famille*, puisque, par sa dimension (les figures y sont entières, de demi-grandeur nature), il n'est pas ce que l'on appelle ordinairement un petit tableau; qu'en outre, il n'est composé que de trois personnages, comme nous l'avons vu, et, enfin, que le catalogue de Van der Doort, dans lequel il est décrit, n'indique aucunement qu'il provient de Mantoue[3].

1. V. in fine, les Etats de Nys, Appendice, O-P-Q.

2. V. Passavant, ouvrage cité, édit. franç., 1860, t. II, p. 342 *(gg.)*.
V. Waagen, *Treasures of Art in Great Britain*, ouvrage cité vol. II, appendix A, p. 475.

3. V. Bathoe : *Catalogue... of King Charles I... Pictures, etc.*, Londres, 1757, p. 125 :
« Item. At the bed side, our Lady, Christ and St. John, little intire figures, half as big as the life, in a carved all over new gilded frame. » — « Done by Raphaël Urbin. »

X

Mais reprenons.

Les tableaux et objets d'art achetés par Daniel Nys, furent transportés à Venise, chez Nys même[1], et y demeurèrent exposés pendant un certain temps. Les seigneurs et les artistes allaient les y admirer des divers points du pays[2].

En 1628, une grande partie furent consignés par Daniel Nys à Thomas Browne, capitaine du navire « Margaret », pour être conduits à Londres[3]; d'autres, ainsi qu'il résulte de sa correspondance publiée par M. W.-Noël Sainsbury, furent envoyés en Angleterre par l' « Unicorn », la « Pearl », etc.[4], et par un autre navire, l' « Assurance », qui fit voile de Venise le 4 août 1632[5].

1. V. in fine, Appendice, *Aa*.
V. A. de Reumont : *Archivio della Società Romana di Storia Patria*, Rome, 1881, vol. IV, p. 392 et suiv.

2. V. W.-N. Sainsbury : *Original unpublished papers, etc.*, Appendix H, p. 334 : Instructions de D. Nys à son agent en Angleterre.

3. Le « Margaret » quitta Malamocco le 15 avril 1628. — V. lettre de Nys du 27 avril 1628, mentionnée plus haut p. 38, et celle du 12 mai ci-après.

4. V. W.-N. Sainsbury, ouvrage cité, Appendix H, p. 333 : lettre de D. Nys du 16/26 juillet 1630; p. 336 : lettre de Thomas Rowlandson au lord Trésorier Weston.

5. V. W.-N. Sainsbury, ouvrage cité, Appendix H, p. 339 : lettre de Thomas Rowlandson à sir John Coke.
V. Carlo d'Arco : *Delle Arti e degli Artefici di Mantova*, ouvrage cité, t. II, p. 289.
V. in fine, Appendice, *Ab*.

Mais indépendamment de ces expéditions, Daniel Nys, dans sa lettre du 12 mai 1628, rapportée dans l'ouvrage de W. Noël Sainsbury où elle est, comme les autres, traduite en anglais, signale un envoi particulier dans les termes suivants :

« Daniel Nys à Endymion Porter.

« Très illustre Monsieur,

« Nous sommes au 12 mai. La lettre ci-dessus est une copie de ma dernière et celle-ci sert à confirmer le départ de M. Lanier, duquel j'ai des lettres de Bergame du 2 mai. Il partit par la route des Grisons pour Bâle, en bonne santé et avec cinq chevaux. Dieu l'accompagne dans sa route! *Il emporte avec lui deux peintures du Corrège à la détrempe, et une de Raphaël,* lesquelles sont les plus belles qu'il y ait au monde et valent le prix payé pour le tout, à cause de leur rare et exquise beauté. Le navire « Margaret » doit être maintenant avancé dans son voyage. Je n'ai pas, jusqu'à présent, appris qu'il est arrivé à Londres, pour que Sa Majesté puisse voir tant de belles et exquises peintures, *parmi lesquelles est la Madone de Raphaël de Canossa*...; il y a ensuite les Douze empereurs du Titien, un grand tableau d'Andrea del Sarto..., beaucoup d'autres tableaux... tous des plus beaux...

« Venise, 12 mai 1628[1]. « Daniel Nys. »

Voilà les éléments que, jusqu'ici, nous possédons sur la question.

1. V. W.-N. Sainsbury : *Original unpublished papers, etc.*, Appendix II, p. 325-326. — V. in fine, Appendice, W.

Mais, de la lettre qui précède, il résulte que le représentant de Charles Ier pour la recherche des œuvres d'art en Italie, Nicolas Laniere, dont nous retrouvons ici l'intervention, avait quitté Venise pour l'Angleterre avant le 2 mai 1628 [1], — puisqu'il écrivait à cette date de Bergame à Daniel Nys, — *emportant avec lui deux peintures à la détrempe du Corrège*[2] *et un tableau de Raphaël.*

Quel pouvait-être ce tableau? — Provenait-il de Mantoue? — Est-il arrivé à Londres?

Il est bien à supposer que, voyageant par terre, ayant à traverser les Alpes et la Suisse, Laniere ne se sera chargé que de pièces facilement transportables ou qui avaient besoin d'être spécialement préservées.

Les deux peintures à la détrempe du Corrège étaient dans ce dernier cas : une lettre adressée par sir Isaac Wake, ambassadeur à Venise, au secrétaire d'État, Lord Conway, le fait connaître. Elle dit, en effet, en parlant de Laniere : « *Il emporte avec lui les meilleures pièces de peinture, notamment celles du Corrège, qui étaient dans la Grotte à Mantoue, en raison de ce qu'étant des couleurs à l'eau, elles n'auraient pas supporté la mer...*

« Venise, avril 18/28, 1628 [3]. »

1. V. in fine, Appendice, *Ac :* lettre de sir Isaac Wake du 18/28 avril 1628.

2. Ces deux peintures, achetées, l'une par Mazarin, l'autre par Jabach à la vente qui a suivi la mort de Charles Ier, sont maintenant au Louvre, salles des Dessins.

3. V. W.-N. Sainsbury : *Original unpublished papers, etc.*, Appendix H, p. 327. — V. in fine, Appendice, *Ac.*

Mais rien ne nous renseigne au sujet du tableau de Raphaël emporté par Laniere.

Néanmoins, les différents actes, pièces ou états et la correspondance que nous avons cités, nous permettent de répondre avec la certitude qu'ils apportent avec eux, sur les 6e et 7e points et de dire :

1° — Le tableau de la *Petite Sainte-Famille* de Raphaël, faisant partie de la collection de Mantoue, est sorti de la famille de Gonzague par suite de la vente qu'en a faite le duc Vincent II, en 1627;

2° — Ce tableau est alors passé dans les mains de Daniel Nys, marchand français établi à Venise, qui l'a acquis avec beaucoup d'autres tableaux et objets d'art de ladite collection de Mantoue, pour le roi d'Angleterre, Charles Ier [1].

1. Ainsi que le fait remarquer de Reumont dans l'*Archivio della Società Romana di Storia Patria*, v. IV, p. 397, « la vendita del 1627 era cosa brutta, ma essa, probabilmente, salvò molti capolavori di certa destruzione, » la ville de Mantoue ayant été prise d'assaut et saccagée par les Impériaux, en juillet 1630.

Page 55.

DESSIN

DE LA

PETITE SAINTE-FAMILLE

DE

RAPHAEL

(COLLECTION ROYALE DE WINDSOR)

DESSIN

DE LA

PETITE SAINTE-FAMILLE

DE

RAPHAEL

(COLLECTION ROYALE DE WINDSOR)

XI

Un document d'un caractère particulièrement intéressant, vient corroborer ce que nous avons dit de l'existence d'un tableau original de Raphaël représentant la *Petite Sainte-Famille.*

Dans son ouvrage, édition française, 1860, t. II, p. 399 à 555, Passavant cite de nombreux dessins de Raphaël ou attribués à Raphaël, existant dans les différentes collections de l'Europe ou ayant composé d'anciennes collections dispersées.

Parmi ceux qui font partie de la Collection Royale de Windsor, il en désigne un dans les termes suivants (p. 493 *f.*) :

« La *Sainte-Famille.* C'est la composition du petit tableau du Louvre, avec les deux enfants qui se caressent. *Le dessin est fait évidemment d'après le tableau,* ce qui se voit surtout dans la manière dont les draperies sont traitées [1]. »

1. Passavant se met un peu en contradiction avec lui-même en arguant d'un tel motif.

Dans son ouvrage cité, t. II, p. 401, il dit en effet, en parlant de Raphaël : « *Il ne terminait complètement un dessin que pour obéir à une circonstance particulière.* » — Ce qui implique, naturellement, qu'il en terminait. — « C'est ainsi que le beau dessin de la rencontre d'Attila avec Léon Ier *était destiné à être présenté* à Léon X, et que le dessin *si précieux de fini* de la Sainte Cène, dans la Collection Royale d'Angleterre, devait servir d'original à la gravure de Marc-Antoine. »

Or, qui nous dit que le dessin de la Collection Royale de Windsor

En raison de l'affirmation de Passavant, que le dessin indiqué était fait *évidemment d'après le tableau*, nous ne nous en étions jamais préoccupé, n'ayant pas eu, d'ailleurs, l'occasion de le voir. Récemment, toutefois, nous avons voulu vérifier son dire et nous n'avons pas été médiocrement surpris de ce que nous avons constaté.

Le dessin de la *Petite Sainte-Famille* existant à Windsor est, en effet, si peu fait d'après le tableau, comme le dit Passavant, qu'il en diffère de tous points. Les personnages n'y ont pas les mêmes attitudes que dans le tableau, notamment saint Jean, que l'on voit beaucoup plus de face, le bras droit soulevé, sans peau d'agneau ni écuelle ; notamment encore la Vierge, qui n'a aucun voile et dont la main droite est posée sur le corps de saint Jean, au lieu d'être cachée ; il est si peu fait d'après le tableau, qu'il ne présente pas un fond de paysage, comme le tableau, mais, au contraire, un fond de muraille en ruine. En un mot, pour ne pas nous étendre davantage, le dessin de Windsor

n'a pas été terminé *pour être présenté* à Isabelle ? Cela est parfaitement admissible, puisque Raphaël lui avait demandé d'indiquer le sujet qu'elle désirait, et cela le devient davantage encore quand nous savons (V. Campori, *Atti e Memorie, etc.*, 1870, vol. V, p. 307. — *Gazette des Beaux-Arts*, 1872, t. VI, p. 363) que Balthasar Castiglione *lui a soumis, en 1519, un dessin de Raphaël* destiné à un monument qu'elle voulait faire élever, *afin de savoir si la composition lui convenait.*

V. in fine, Appendice, *Ad.*

En parlant du dessin de la Sainte-Famille des Carmes, Passavant dit également : « Ce beau dessin à la plume *est exécuté avec plus de soins* que la plupart des dessins de Raphaël, *parce que le maître l'avait destiné* à son ami Domenico di Paris Alfani. » (V. Passavant, ouvrage cité, édit. franç., 1860, t. II, p. 482, n° 378.)

n'est rien autre chose que le dessin ou la reproduction du dessin de Raphaël, d'après lequel Caraglio a exécuté sa gravure [1].

Nous nous trouvons donc en possession d'un élément nouveau, jusqu'ici passé inaperçu : l'existence d'un dessin conforme à la gravure de Caraglio. — Jusqu'à présent, on pouvait dire : Mais rien ne prouve que Caraglio a reproduit fidèlement le dessin qu'il avait devant les yeux ; rien ne prouve, en particulier, que ce dessin n'avait pas un fond de paysage, que l'auteur du tableau du Louvre n'a eu qu'à copier, etc.

Actuellement, une telle objection n'est plus possible, et nous sommes exactement placés dans le cas de la *Vierge au Voile*, au sujet de laquelle Passavant et M. F.-A. Gruyer ont fait les raisonnements si judicieux rapportés précédemment; actuellement, nous nous trouvons, comme dans la *Vierge au Voile, en présence de l'existence d'un dessin sans fond de paysage*, alors que toutes les copies connues de la composition ont un fond de paysage absolument identique.

1. Ce dessin aurait-il de l'analogie avec celui possédé par Jabach, de mêmes dimensions et décrit ainsi par Passavant, ouvrage cité, édit. franç., 1860, t. II, p. 549, sous le n° 59 :

« Une Vierge, le petit Jésus, saincte Élisabeth et sainct Jean, figures entières, à la plume, lavé et rehaussé, sur du papier gris, de 8 p. 1/2 de l. sur 10 p. de hault., n° 16. »

Serait-ce le même que celui qui figurait plus tard dans la collection du duc de Tallard, n° 217 du catalogue dressé par Remy et Glomy, en 1756, et ainsi décrit : « Une Sainte-Famille au bistre rehaussé de blanc. Le tableau se trouve dans le cabinet du Roi. *Il y en a une estampe gravée par Caralius.* » (Caraglio.)

Nous étions donc pleinement fondés à appliquer à la *Petite Sainte-Famille* le raisonnement fait par les auteurs cités au sujet de la susdite *Vierge au voile* et de conclure, sur le vu des copies signalées et de la gravure de Caraglio, à l'existence d'un tableau original de Raphaël représentant la *Petite Sainte-Famille*. Le dessin de Windsor vient l'attester [1].

1. Indépendamment de ce dessin, il existe au château royal de Windsor, dans les appartements de S. M. la Reine, une copie de la *Petite Sainte-Famille* que nous avons pu voir, grâce à l'extrême bienveillance du très honorable bibliothécaire, M. Richard R. Holmes, auquel nous adressons, à cette occasion, nos remerciements les plus sincères. Cette peinture paraît appartenir à la fin du seizième siècle ou au commencement du dix-septième.

XII

Ce dessin a beaucoup souffert ; il a de nombreuses déchirures et l'on peut admettre que les têtes de la Vierge et de l'Enfant Jésus et même le corps entier de celui-ci, ont été fortement restaurés et retravaillés. Il ne nous étonnerait même pas si toute la portion où se trouvent la Vierge et Jésus avait été reprise par un restaurateur malhabile.

La position de saint Jean, différente de celle du tableau, est charmante dans le dessin, et c'est pour cela, peut-être, que le maître l'aura modifiée. Pour donner à saint Jean et à sainte Élisabeth l'attitude qu'ils ont dans le tableau, il a dû, en quelque sorte, faire pivoter les bustes de ces deux personnages, les présentant ainsi plus de profil, tout en conservant les têtes dans la même position.

Par ce mouvement, c'est-à-dire en effaçant davantage saint Jean et sainte Élisabeth, il est arrivé à rendre leur attitude plus humble. Saint Jean s'est trouvé les deux coudes appuyés sur la Vierge, c'est-à-dire courbé, et sainte Élisabeth, qui le soutient, naturellement plus inclinée. En outre, la main de la Vierge qui, dans le dessin, semble retenir saint Jean, est devenue inutile et a été supprimée, pour faire place à la toison et à l'écuelle que l'on voit habituellement au Précurseur.

En même temps qu'il fournit la justification de la gravure de Caraglio, le dessin de Windsor détruit l'hypothèse que la copie qui est au Louvre a été exécutée sur un dessin du maître.

Le dessin du maître, nous le connaissons maintenant, soit qu'il s'agisse d'un original, soit qu'il s'agisse d'une reproduction d'après l'original.

C'est le dessin de Windsor.

D'autres que celui-là, on n'en connaît aucun ; d'autre gravure ancienne que celle de Caraglio, on n'en connaît aucune non plus.

Or, pour qu'un élève ou un disciple, *travaillant d'après le dessin de Windsor*, arrivât à faire le tableau de la *Petite Sainte-Famille* qui est au Louvre, il aurait fallu qu'il modifiât toute la composition ; qu'il fît tourner sur eux-mêmes sainte Élisabeth et saint Jean ; qu'il donnât une attitude plus penchée à la Vierge, qu'il supprimât une de ses mains, qu'il mît à saint Jean une toison et une écuelle qu'il n'avait pas, à la Vierge un voile dont elle était dépourvue, qu'il changeât la position du berceau en le reculant, celle de Jésus en le courbant davantage et en plaçant ses pieds un peu différemment, qu'il supprimât une partie de la muraille tout en élevant celle-ci et en faisant faire un angle à la partie restante; enfin, qu'il inventât le paysage tout entier et ornât la composition d'arbustes et de plantes.

N'est-il pas beaucoup plus naturel, n'est-il pas beaucoup plus simple et plus rationnel, en toute sincérité, de dire et de penser que ladite copie du Louvre a été faite, comme toutes les autres copies signalées, d'après un tableau original du maître ?

Toutes ces copies se ressemblent, nous l'avons déjà dit; toutes présentent les personnages exactement dans les mêmes attitudes; toutes ont le même paysage comme fond; toutes sont peintes dans la même tonalité; toutes, donc, nous le répétons avec une certitude toujours plus affirmée par les faits et par les documents, *dérivent d'un même tableau composé comme elles et qui est le tableau original de Raphaël* [1].

La circonstance que les copies indiquées ont, en général, un caractère néerlandais, sauf celle du Louvre, la plus belle de toutes, qui est italienne et que l'on ne sait exactement à qui attribuer, vient encore à l'appui de ce que nous disons [2].

1. Les différences signalées entre le dessin et la composition définitive sont bien, en effet, autant d'arguments en faveur de l'exécution d'un tableau original de Raphaël; car, ainsi que le fait observer très judicieusement Passavant à propos du dessin de la *Transfiguration*, de la collection Albertine, à Vienne, conforme au tableau, celui-là, et à l'authenticité duquel il ne croit pas : » *Raphaël ne suivait jamais servilement son esquisse dans le cours de l'exécution d'un tableau et apportait toujours quelque modification à son idée première*. (Passavant, ouvrage cité, édition française, 1860, t. II, p. 432-433.)

2. La copie du Louvre est attribuée, par certains auteurs, à Jules Romain, par d'autres, au Garofalo, etc.

Jules Romain ayant été, de 1524 à 1546, le peintre attitré de la cour de Mantoue, et le Garofalo ayant été, de son côté, le peintre des deux cours de Mantoue et de Ferrare, il ne serait pas impossible que l'un ou l'autre eût fait, à Mantoue, la copie du Louvre, si on la considère comme étant réellement de l'un d'eux.

Il a, d'ailleurs, été surabondamment démontré que les histoires rapportées par Félibien au sujet de cette copie et reproduites par les divers auteurs qui l'ont suivi, sont absolument dénuées de fondement. (V. Félix Notté : *La Petite Sainte-Famille du Louvre et le tableau original de la Petite Sainte-Famille*, Paris, 1887.)

Tout le monde sait que la cour et la collection de Mantoue étaient fréquentées par la plupart des artistes flamands qui se rendaient en Italie. Rubens a séjourné à Mantoue [1], Porbus [2], Van Dyck [3] y ont séjourné également; beaucoup d'autres encore qu'il serait trop long d'énumérer. Mantoue était, au seizième siècle et dans la première partie du dix-septième, au point de vue des arts et des artistes, une des villes les plus renommées de l'Italie.

Rien d'étonnant, dès lors, à ce que certains artistes flamands aient reproduit la *Petite Sainte-Famille* de Raphaël qui était dans la collection de Mantoue : les copies néerlandaises qui existent aujourd'hui à Cologne, à Düsseldorf et à Londres, sont leur œuvre [4].

1. V. Carlo d'Arco : *Delle Arti e degli Artefici di Mantova*, ouvrage cité, t. II, p. 288 : « Pier-Paolo Rubens venuto in Mantova, raccomandatovi dal duca Alberto, fu nominato da Vicenzo Gonzaga, gentiluomo di Camera e pittore di Corte », etc.

2. V. A. Baschet, *Gazette des Beaux-Arts*, 1866, t. XX, p. 407 : « Pierre-Paul Rubens et François Porbus, l'un jusqu'en 1608, l'autre jusqu'en 1610, ont été peintres de cette maison. » (La maison ducale de Mantoue.)

3. V. Frédéric Villot, *Catalogue du Louvre*, édition 1875 : Écoles Allemande, Flamande et Hollandaise p. 69.

4. V. Th. Levin, *Kunstchronik*, 1886-87, p. 435-436, au sujet de la *Petite Sainte-Famille* de Düsseldorf : « Für mein Auge zeigt sich darin die hand eines dem italienischen Geiste sehr glücklich gerecht werdenden Niederlanders. »

XIII

Mais si Raphaël a peint un tableau de la *Petite Sainte-Famille* et si, comme il a été constaté, la *Petite Sainte-Famille* a fait partie, jusqu'en 1627, de la collection de Mantoue, ce tableau n'existe-t-il plus ?

Les autres tableaux de la même collection se retrouvent, pour la plupart, sur différents points de l'Europe, soit dans des musées, soit dans des collections particulières : le tableau dit *la Perle*, de Raphaël, qui se trouvait à Mantoue avec la *Petite Sainte-Famille*, est à Madrid ; les *deux peintures en détrempe du Corrège*, transportées par Laniere, qui s'y trouvaient également et faisaient, comme la *Petite Sainte-Famille*, partie de la troisième liste de Daniel Nys, après avoir appartenu à Charles Ier, à Jabach et à Mazarin, sont aujourd'hui au Louvre, etc. — Pourquoi n'en serait-il pas de même de la *Petite Sainte-Famille* ?

Eh bien ! il en est de même. *Le tableau original de la Petite Sainte-Famille de Raphaël existe toujours ;* il est admirable de facture et d'une conservation parfaite.

Ce tableau, sur bois, de 0,385 de hauteur sur 0,296 de largeur, est, sous tous les rapports, incomparablement supérieur à celui du Louvre. Mais il faut l'avoir vu pour en comprendre toute l'exquise beauté, pour apprécier la délicatesse du dessin, la suavité du coloris, la pureté des formes; en un mot, tout le charme inexprimable qui s'en dégage[1].

Il fait aujourd'hui partie d'une collection particulière, la collection de M. Roussel, où nous avons pu l'étudier longuement dans toutes ses parties et nous former ainsi une opinion pleinement raisonnée à son sujet.

1. La fibre du bois est horizontale, comme dans plusieurs autres tableaux en hauteur de Raphaël, notamment la célèbre *Vision d'Ézéchiel*, également de sa dernière époque et de mêmes dimensions à peu près (H. 0,402, L. 0,292), au Palais Pitti.

Toutes les copies anciennes sur bois, celle du Louvre comprise, ont, au contraire, leur fibre verticale.

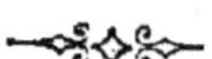

Page 65.

TABLEAU

DE LA

PETITE SAINTE-FAMILLE

PAR

RAPHAEL

(COLLECTION ROUSSEL)

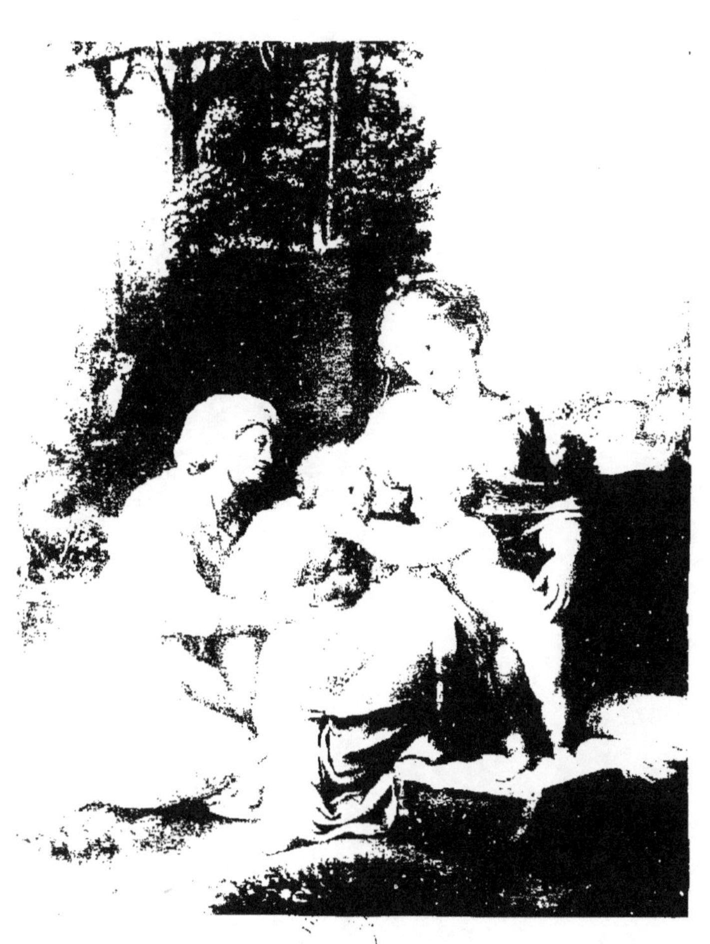

XIV

Nous n'en dirons que quelques mots.

La Vierge de la *Petite Sainte-Famille* de Raphaël, présente le même type que la Vierge de la *Grande Sainte-Famille* du Louvre, mais encore ennobli, épuré et idéalisé en quelque sorte; toute sa physionomie, pleine d'une grâce extrême, exprime à la fois la bonté et l'intelligence dans ce qu'elles ont de plus élevé et de plus exquis. Elle sourit légèrement et ses yeux, dirigés vers le groupe que forment les deux enfants, semblent noyés dans une douce rêverie.

L'Enfant Jésus est d'un admirable modelé, semblable à celui du Jésus de la *Grande Sainte-Famille* également. Il semble ravi de caresser le petit saint Jean, et tout, en lui, témoigne de l'allégresse la plus vive, pendant que saint Jean, agenouillé sur sa mère, manifeste une sorte d'étonnement mêlé d'admiration timide et heureuse vis-à-vis de Jésus.

Sainte Élisabeth reproduit le type si beau et si connu de la sainte Élisabeth du tableau de *la Visitation*, du Musée de Madrid. Sa figure exprime une joie contenue en voyant les témoignages d'affection que Jésus donne à son fils.

Les carnations des divers personnages présentent tout ce qui caractérise si particulièrement les plus belles productions de Raphaël : des tons gris-bruns dans les ombres, rougeâtres dans les demi-teintes, blanchâtres dans les clairs, avec des transitions d'une délicatesse extrême. Celles de la Vierge et de Jésus sont d'une très grande finesse et d'une fraîcheur inexprimable; celles de sainte Élisabeth et de saint Jean présentent, au contraire, plus de dureté ou de rusticité, la figure de sainte Élisabeth allant presque jusqu'au jaune-brun dans certaines parties. La musculature de saint Jean est également beaucoup plus accentuée que celle de Jésus : le tout afin de marquer, évidemment, la différence existant entre la nature divinisée, telle que la comprenait le génie du peintre, et la nature humaine.

La Vierge a des cheveux châtains, relevés en nattes et formant un nœud gracieux sur la tête. Elle porte une robe de couleur rouge cerise, allant presque jusqu'au blanc pur dans les lumières vives; sa tunique, bleu clair, du pinceau le plus délicat, présente les mêmes lumières blanches.

La robe de sainte Élisabeth est d'un ton jaune d'or très riche. Sa tunique, admirablement drapée, est d'un bleu beaucoup plus pâle que celle de la Vierge. La couleur du berceau de Jésus, d'un ton brun-roux, se marie parfaitement avec celle du terrain sur lequel il est placé. Le paysage, légèrement traité, est un peu vaporeux et d'un bleu blanchâtre, analogue, comme faire et comme ton, au paysage de la *Vierge au Diadème* qui est au Louvre : on sent qu'il existe, mais le regard ne s'y arrête pas. Le feuillé des arbres qui s'élèvent au-dessus du pan de mur auprès duquel se trouve la Vierge, rappelle les tons de l'automne; enfin, les fleurs et les plantes qui ornent les diverses parties de la composition, présentent une analogie manifeste avec les fleurs et les plantes de la *Belle Jardinière*.

Le ton général du tableau est tempéré et transparent, comme celui de tous les tableaux *de la main même* du maître. Le dessin en est d'une pureté exquise, nous l'avons dit, et l'harmonie des couleurs ainsi que leur gradation y sont portées à un degré difficile à exprimer. Tout vit, tout respire, tout resplendit dans cette œuvre précieuse ; les ombres elles-mêmes y dégagent, en quelque sorte, de la lumière. L'ensemble en est véritablement admirable et d'une idéale perfection.

Les initiales de Raphaël, un R et un V entrelacés, se voient faiblement sur la partie sombre du mouchoir qui recouvre les épaules de sainte Élisabeth.

D'anciens cachets armoriés ont laissé des traces très apparentes dans l'épaisseur du panneau, sur lequel ils ont été apposés directement. Ces cachets ont été détruits, en partie, peut-être, lors du parquetage déjà fort vieux du tableau. — Actuellement, il en existe encore deux, dont un armorié, sur les lames du parquet même.

Ce qui précède satisfait au huitième point et répond à la dernière des questions que nous avions à résoudre.

XV

Nous terminerons par deux citations, l'une de G. Campori, l'autre d'Alfred de Reumont.

Parlant des deux tableaux représentant des *Saintes-Familles* de la collection de Mantoue, *la Grande* et *la Petite*, Campori dit :

« Nous savons où se trouve aujourd'hui le premier de ces tableaux (*la Perle*), mais non l'autre (*la Petite Madone*), *qu'on devra chercher parmi ceux existant* dans les galeries de l'Europe dont la provenance est inconnue[1]. »

On voit combien Campori avait raison de s'exprimer comme il l'a fait.

Parlant également de *la Perle*, dont on est parvenu à établir l'identité avec *la Nativité* des Canossa[2], signalée par Vasari, de Reumont dit :

« En vérité, de cette façon (l'identification de *la Perle* et de *la Nativité*), le catalogue de l'œuvre de Raphaël sera diminué d'un tableau, mais aucune obscurité n'existera plus au sujet de ce même tableau[3]. »

1. V. Campori : *Atti e Memorie, etc.*, 1870, vol. V, p. 306. — *Gazette des Beaux-Arts*, 1872, t. VI, p. 363. — V. in fine, Appendice, *Ae*.

2. V. p. 33, citations.

V. A. de Reumont : *Archivio della Società Romana di Storia Patria*, Roma, 1881, vol. IV, p. 387 et suivantes.

3. V. A. de Reumont : *Jahrbücher für Kunstwissenschaft*, Leipzig, 1869, Vol. II, p. 255. — V. in fine, Appendice, *Af*.

N'est-il pas curieux que nous ayons à tenir un raisonnement analogue et à dire :

En raison de l'existence — constatée par les documents et par les faits — d'un tableau original représentant la *Petite Sainte-Famille*, le catalogue de l'œuvre de Raphaël se trouvera augmenté d'une pièce, mais aucun doute n'existera plus, aucune supposition ne sera plus à faire à son sujet.

Et n'est-il pas remarquable encore que, si l'examen des documents relatifs à la collection de Mantoue a détruit l'hypothèse de l'existence d'une *Nativité* de Raphaël autre que *la Perle* et qui serait disparue, leur étude plus complète restitue à son œuvre un tableau tout aussi intéressant, tout aussi précieux, bien que plus petit? Car la *Petite Sainte-Famille* est, certainement, la dernière Madone que Raphaël ait peinte, — et c'est un ravissant chef-d'œuvre.

APPENDICE

TEXTES ET DOCUMENTS

ORIGINAUX

A. — Giuseppe Campori : **Atti e Memorie delle R. R. deputazioni di Storia Patria per le provincie Modenesi e Parmensi.** Modène, 1870, vol. V, p. 299-300.

« Una principessa celebrata di bellezza e di virtù, che nelle doti della mente è superiore ad ogni altra del suo tempo, favoriva con finissimo gusto le arti e agli artisti mostravasi non meno famigliare che protettrice splendidissima. Era costei Isabella, figlia di Ercole I, Duca di Ferrara e moglie di Francesco, marchese di Mantova.... Michelangelo, Perugino, Tiziano. Gio. Bellino, Giorgione, Dosso, ebbero da essa commissione di pittura e da essa medesimamente.... n'ebbe Raffaello Santi.

« Il pittore urbinato, che nelle sue peregrinazioni, non toccò mai il suolo mantovano e non ebbe quindi, come il padre suo, a sperimentare l'ospitalità di que' principi, fu conosciuto in Roma da Isabella....

« La memoria ch'ei serbò sempre della Duchessa d'Urbino, cognata di lei, laquale aveva protetto il padre suo, e sorretto lui stesso ne' primi passi avviati nell'arduo cammino dell'arte ; l'amicizia che lo stringeva col conte Baldassarç Castiglione, quasi più fratello che suddito della marchesana, dovettero essere ragione validissime a farlo entrare nelle gazie di lei, a cui ogni ingegno privilegiato poteva aspirare senza timor di ripulsa. »

B. — G. Campori : **Atti e Memorie**, etc. Vol V, p., 300.

« Il primo saggio che si offre delle relazioni artistiche tra il Santi e i Gonzaghi risale al 1511, nel quale anno egli stava attendendo a finir di dipingere quella grande storia delle Stanze Vaticane volgarmente conosciuta col nome di Scuola di Atene, nella quale introdusse la figura dal naturale di Federico, figlio del Marchese di Mantova, fanciullo allora di undici anni..... »

C. — G. Campori : **Atti e Memorie**, etc. Vol. V, p. 303.

« L'amore materno, gli interessi dello Stato, l'inclinazione grande dell'animo alle cose dell'arte, diedero occasione di parecchi viaggi a Roma alla marchesana di Mantova. Raffaello non poteva sfuggire all' ammirazione di lei, che dopo averlo conosciuto e aver veduto quelle sue opere ch'eccitavano la maraviglia di tutti, s'invoglio di possedere alcuna memoria del suo pennello da collocare nel Tesoro artistico ed archeologico ch'ella si era formato nel suo palazzo.

« Nel giugno dell' anno 1515, Agostino Gonzaga le scriveva da Roma di aver parlato a Raffaello, *il quale gli avea promesso di fare* UN QUADRETTO *per lei.*

D. — **Extrait de la lettre d'Agostino Gonzaga à Isabelle, marquise de Mantoue, du 7 juin 1515.** (Tiré des *Archives de Mantoue.*)

« Illma et Exma mia Signora et Patrona unica, etc....

. . . .

« Io parlai cum Raphaël da Urbino circha IL QUADRETTO *che voria la Extia Vostra* DI MAN SUA, cosi lo disposi ad volerlo fare et farallo, che ancora et esso habbia da fare assai pur, per essere esso tanto servitore di V. Etia quanto el possi essere, si è risciolto di volerlo fare per ogni modo. Piacevalli adunque mandar il disegno et driciarlo a me ch'io lo faro fare et presto che scio sera satisfatta, secundo il desiderio suo....

. . . .

« In Roma, Vij Iunij MDXV.
« de V. S. Illma El fidelissimo et devoto servitore
« Augno de Gonzaga. »

E. — **Lettre d'Agostino Gonzaga,** citée par G. Campori : **Atti e Memorie**, etc., 1870, vol. V, p. 304.

« Illma et Exma Sra et Patrona mia,
Sra Marchesana di Mantua.

« Illma et Exma mia Sra,

« Quando io mi parti de Mantua Comandome, V. Ex. *ch'io procurassi che Raphaello gli facesse un quadro di pittura.* Cosi, giunto ad Urbino, subito gli scrissi *et desso mi rispose affermando volerlo fare.* — Occorrendomi di poi andare a Roma, sollicitai con molto maior instantia, de sorte che me promise lassar indietro tutte l'altre opere cominciate e da cominciare, per satisfare a V. S. Illma. Hora, per confermatione di questo, pur mi scrive che io le mandi la mesura del quadro e il lume, perchè presto pensa dargli principio. Cosi, se quella se dignera farmi intendere e l'uno e l'altro, io sollicitaro il resto; e se conoscero in oltra cosa poterla servire, non aspetterò d'esser commandato.....

« Di Urbino, alli VIII di VIIII bre MDXV. »

F. — G. Campori : **Atti e Memorie**, etc., vol. V, p. 304.

« Pare che Raffaello, a cui il buon volere era attraverso dalla moltiplicita delle incombenze che gli si affidavano, procedesse con estrema lentezza nel condurre a fine questo dipinto. Una lettera di Alfonso Paolucci, da Roma, al duca di Ferrara, mancante della data, ma scritta moltò verosimilmente intorno il 1519, ce ne dà l'avviso con le seguente parole.... »

G. — **Extrait de la lettre d'Alfonso Paolucci,** citée par Campori : V. **Atti e Memorie**, etc., vol. V, p. 304.

« ..... Da M. Baldessera da Castione, con il quale parlai de Rafael da Urbino, et dissemi *che era moltò tempo havea da fare una opera de la Sra Marchesana, et che mai la lavorava se non quando vi era presente*, tanto erano le sue occupationi. Et dissemi che teneva per certo, partito lui, non li lavoraria più [1]. »

1. *Archivio Palatino di Modena.*

H. — G. Campori : **Atti e Memorie**, etc., vol. V, p. 306.

« ...., *Potendo, in quest' ultimo* (la Madone de Raphaël décrite dans l'inventaire de Mantoue) *riconoscerci l'altra tavola dipinta da Raffaello ad Isabella Gonzaga*, laquale si è fatta ora per la prima volta manifesta, grazie ai documenti qui riferiti....

« ..... Nei quali si fa menzione di *due Madonne*, o *più rettamente Sacre Famiglie di Raffaello*, l'una contraddistinta per *Madonna granda*, l'altra per *Madonna piccola*, mentre l'Inventario non ne registra che una sola.

« Donde ci pare di dedurre con sicurezza che nella *grande* debbe intendersi *quella dei Canossa* ovvero *la Perla*, la quale appunto si compone di figure grandi quasi al naturale; *nell' altra*, invece, IL QUADRETTO *di cui parla Agostino Gonzaga* e a cui si referiscono le due lettere pubblicate più innanzi. »

I. — **Lettre écrite le 29 décembre 1520, par Baldassare Castiglioni à sa mère.** (V. Serassi, Pier-Antonio : *Lettere, ecc.* Padoue, 1769, t. Ier, p. 75. — V. C. d'Arco : *Delle Arti e degli Artefici di Mantova*, t. II, p. 86.)

« Perchè della Corte mi vien fatto istanza di mandar questo mulattiero, l'ho carico di alcune cose mie, per esser manco impicciato quando io verrò a Mantua. Desidero sommamente intendere che le siano giunte a salvamento : pero, V. S. subito che le saranno giunte, me lo avvisi e facciale aprire e mettere in loco dove non siano vedute da personna e non si affumino. Il loco seria buono lo studietto di V. S. *Vi sera un quadro d'una Nostra donna di man di Raffaello*, una testa d'un villano ed una figuretta antica di marmo, che sono cose che mi sono carissime, e come ho detto, V. S. di grazia, non le lassi vedere a personna. Non iscrivo altro, perchè questo messo credo verrà tardi. — Saravi ancora un fardeletto della duchessa vedova.

« A V. S. mi racomando.

« In Roma, alli 29 di dicembre
MDXX. »

J. — **Extrait de** Vasari, édition 1879, Florence, t. IV, p. 351.

« A Verona, mando della medesima bontà, un gran quadro ai conti da Canossa, nel quale è una Nativita di N. S. bellissima, con un' aurora molta lodata, siccome è ancora *Santa Anna*.... »

K. — **Extrait du Catalogue dressé par** Van der Doort, pub. Bathoe, Londres, 1757, p. 106, nº 11.

« A large piece, painted upon board, by Raphaël Urbin, being our *Lady*, *Christ and Joseph*, *S*t *John*, *S*t *Ann*, intire figures less than the life in an all over gilded and carved frame, 4 f. 9 — 3 f. 9. »

L. — **Extrait du Catalogue espagnol rédigé par** D. Pedro de Madrazo : **Catàlogo del Museo del Prado**, etc., p. 192, nº 369.

« Sacra Familia conocida con el nombre de *La Perla*.

« La *Virgen* sostiene en su regazo con la mano derecha al nino *Jesus*, que està sentado sobre una de sus rodillas, con la piernecita izquierda apoyada en la cuna y la derecha pendiante *San Juan* le ofrece en su pellico vàrias frutas que él va à tomar, mirando al mismo tiempo, con dulce sonrisa à su madre come para pedirle permiso. Esta le contempla con amoroso abandono, teniendo el brazo izquierdo apoyado en la espalda de *Santa Ana*, la cual, arrodillada *junto à su hija*..... Entre las ruinas del lado izquierdo, asoma la parte superior de la figura de *San José*. »

M. — W.-Noel Sainsbury : **Original unpublished papers**, etc., Londres 1859, *Appendix H*, p. 320.

« It appears that Nicholas Lanier, who was Master of his Majesty's music as also a great judge and lover of painting, was sent to Italy by the King in june 1625, « to provide for him some choice pictures. »

N. — A. de Reumont : **Archivio della Società Romana di Storia Patria**. Rome, 1881, vol. IV, p. 392.

« ... Il negoziato principò senza perdita di tempo, Vincenzo Gonzaga non provando scrupulo veruno di difarsi dei monumenti raccolti dai suoi antenati, del cui numero furono quei più pregiati della marchesa Isabella, raccolti nella Grotta del Palazzo ducale.

« Ai primi di Marzo del 1627, il Nys teneva in mano le liste, coi prezzi, dei quadri. Nella lista principale, troviamo i seguenti : I dodici Cesari di Tiziano, *Madonna di Raffaello* (*Grande*).... *Madonna di Raffaello* (*Piccola*)..... etc.

. . . .

« Cosi, i quadri Mantovani, *colla Sacra Famiglia di casa Canossa e l'altra di mano di Raffaello, che dovrebbe essere quella dipinta per Isabella d'Este,* passarono, per la somma di 86 milla scudi, in Inghilterra.... »

O. — **Extrait des Notes ou États de Daniel Nys,** publiés par A. Baschet dans la *Raccolta Veneta*, Venise, 1866, Dispensa II.

P. 104,

« La nota mandatami, dit Nys, importa . . . . . S.		19.598
Et oltra che questo, vorrebbe :		
Gli 12 Cesari di Titiano . . . . S.	5.000	
Madonna Rafaël (*granda*)	4.000	
Madonna et Evangelista, del Sarto	2.000	
San Jeronimo, Giulio Romano, del natural .	1.000	
Due quadri del Coregio, nella Grotta, Martia et Apollo, et al imposte tre Deità.	2.000	
P. 105,		
Le tre Grazie, Venere, Amori, di Guido. . .	300	
Li Orbi del Brugel, Vecchio.	200	
Otto quadri, Brugel Vecchio	200	
Madonna (*piccola*) *di Rafaël*. . . . . . . Madonna del Sarto (abozzata)	402	
	S.	15.102
	S.	34.700
Un quadro d'una famiglia di Bernardin (diversi ritratti)		300
	S.	35.000

. . . .

« Venezia, 27 marzo 1627. »

P. — **Extrait des Notes ou États de Daniel Nys,** publiés par A. Baschet, dans la *Raccolta Veneta,* 1866, Dispensa II.

P. 105,

Prima

« Per risposta, dit Nys, alla grata sua di 31 spirato, siamo d'accordo del numero della prima polizza in S. 19.598 ma la difficoltà è solo dalli ducatoni che V. S. I. vuole et io intende solo di dare il detto numero in scudi Mantuani. »

Seconda

« Della segonda polizza, ripetto di dare delli duodici Imperatori del Titiano, ave uno agionto d'altra mano, li altri undeci del Titiano. . . . . S. 5.000

P. 106,

La Madonna Rafaello		4.000
La Madonna d'Andrea del Sarto		2.000
St Hieronimo, Julio Romano		1.000
Duoi quadri, Coregio (de la Grotta)		3.000
Le tre Grazie, Venere et Amore, Guido Reni		400
Gli Orbi, del Breugel		200
Otto ovati, Breugel Vecchio		200
Madonna (piccola) di Raffaello		500
Madonna Andrea del Sarto (abozata)		200
Un quadro de una famiglia di molti ritratti		300
	S.	36.398

« Quadri che si nomina da nuovo :

Un san Hieronimo, di Quintino		300
Lucretia Romana del Correggio (cioè una delle due, la meglio)		400
Una pietà (picola) del Coreggio		200
Una Madonna, Palma Vecchio (con San Rocco e San Bastiano)		100
Un ballo d'Andrea Mantegna (nella Grotta)		301
Un quadra del Costa Vecchio (nella Grotta).		301
	S.	38.000

. . . .

« Venezia, 3 aprile 1627. »

« Et quanto alla polizza delli quadri refutati, si V. S. Ill.ma vuole che li pigli, ne daro S. 2.000, che tutto insieme faranno boni e cattivi. . . . . S. 40.000

Q. — Extrait des Notes ou États de Daniel Nys, publiés par A. Baschet dans la *Raccolta Veneta*, 1866, Dispensa II.

Page 108.

« Ho havuto, dit Nys, la grata sua del 21 corrente, con lo pretio della quarta lista. Et accio il tutto passa con intendersi bene, repilgiaro il passato per concludere con fermezza.

« La prima lista, sono una quantita di quadri, in tre fogli di carta, messi li pretj da V. S. I. uno a uno et importano.

	Ducni 19.598	— proferto S.	19.598
« La seconda : 12 Imperatori Titiano; *Madonna Raffaello*; Madonna Andrea del Sarto, S. Hieronimo Giulio Romano.	27.000	—	12.000
« La terza : Le tre Gratie, Guido; Orbi, Brugel Vecchio; 8 ovati Brugel Vecchio ; *Madonna (piccola), Raffaello* ; duo quadri Correggio (della Grotta); un quadro di una famiglia di molti ritratti ; una Madonna Andrea dal Sarto (abozata) . . .	7.700	—	3.400
« Ho poi proferto sopra tutto il mercato			5.000
« Quadri refutati a pare per una sua nota	7.125	—	2.000
« La quarta lista : Il S. Hieronimo di Quintino; Lucretia Romana (di duo la migliore); una Madonna di Palma Vecchio.	1.000	—	1.000
Ducatoni. . .	62.423	S.	42.998

. . . .

« Venezia, 24 april 1627. »

R. — **Extrait de La Cattedrale di Mantova,** di Gian-Battista Intra. Mantoue, 1886, p. 7.

« Verso la metà del secolo xvi, avendo i Gonzaga cresciuti assai in potenza e in richezze, fatto costruire e decorare coll' opera dei più rinomati artisti d'Italia, *il Castello, il palazzo del Tè* e le ville di *Marmirolo, di Gonzaga* e *di Revere* ».

S. — **Extrait de l'Inventaire des objets d'art trouvés dans le Cabinet de travail d'Isabelle de Gonzague, « in corte Vecchia, appresso la Grotta ».** (Publié dans l'*Archivio Storico Italiano,* 1845. Appendice, t. II, p. 324 à 326.)

« 40 — E più, dui quadri posti dal capo della porta, ne la intrata, di mano del già Antonio da Coreggio, in uno de'quali è dipinta l'istoria di Apolo et Marsia, nel'altro è tre vertù, cioè Justitia et Temperantia (e Fortezza) le quali insegnano ad un fanciullo misurare il tempo, a cio possa esser coronato di lauro et aquistare la palma. »

T. — **Extrait d'une lettre de Daniel Nys,** publiée par A. Baschet dans la *Raccolta Veneta,* 1866. Dispensa II, p. 109.

« Dalla grata sua di 27 aprile, vedo che non besogna pensare alli duo quadri della Grota, cioè il Ballo del Mantegna e quello del Costa, il chè piglio in bene.

« Pero, sono compresi nel numero trattato *duo quadri del Correggio* nella Grotta, che solevano stare nella Galleria, e delli quali havete messo il pretio nella terza lista, cioè ducatoni 4.000... »

« Venezia, pmo maggio 1627. »

U. — **Extrait d'une lettre de Daniel Nys,** publiée par A. Baschet dans la *Raccolta Veneta,* 1866. Dispensa II, p. 109.

« Tornato di villa, ho trovato la sua de 4 corte, che mi è stata gratissima, per vedere che resta appontato che havero *quei due quadri del Correggio che solevano essere nella Galleria et che hora si trovano nella Grotta...* »

« Venezia, 14 maggio 1627. »

V. — **Extrait d'une lettre de Daniel Nys,** publiée par A. Baschet, dans la *Raccolta Veneta*, 1866, Dispensa II, p. 106.

« ... Si che V. S. Illma vede che ho augmentato il prezzo di alcune cose nella seconda polizza... conoscendo in mia coscienza di havere in molte cosse *offerto troppo*, per l'amore grando che porto alla pittura...

« Venezia, 3 aprile 1627. »

W. — **Lettre de Daniel Nys à Endymion Porter,** publiée en anglais par W.-N. Sainsbury : *Original unpublished papers*, etc. Appendix H, p. 325. (V. Londres, Public Record office : Miscellaneous Corrce, Venice.)

« Illmo Signore !

« Sono a 12 maggio, il soprascrito è copià di mia ultima et questa serve per confirmare la partenza del Sr Lanier, del quale ho lettere di 2 di maggio di Bergamo, che partiva p. via di Grisoni p. Basilea con bona salute con 5 cavalli. Iddio l'acompagni p. tutto. *Lui porta con lui duo quadri del Correggio a tempera et uno di Raffaello*, li quali sono gli più belli quadri che vi sia al mondo *et vagliano li danari che si ha pagato di tutti*, per la lor rarita et esquisitezza. La nave Margarita dovera, hora, essere avanti su viaggio, non vedo hora che sià gionta a Londra, accio sua Mta possi vedere tanti belli quadri et esquisiti, fra quali *la Madona di Raffaello del Canozzo.*,. Vi sono poi li duodeci Imperatori di Titiano, un quadro grando d'Andrea del Sarto... tanto altri quadri... tutti delli più belli.

. . . .

« Venezia, 12 Maggio 1628.

« D. V. S. Illma,

« Servitore humo

« Daniel Nys. »

X. — Extrait d'une lettre de Daniel Nys à Thomas Cary, à Londres, écrite de Venise, le 3/13 juin 1631 [1]. (Publiée en anglais par W.-N. SAINSBURY : *Original unpublished papers*, etc. Appendix H, p. 336-337.)

« Monseigneur,

« En response de la très agreable v/re (vostre) 13 may st. vx. de Grenewich, j'ay passé 8 jours escrit a Monsieur Rollantson, qu'aiant esté assalli de mes creanciers qu'ont pensé me boutter par terre, je leur ay subit ouvert mes coffres et ma maison et leur ay dit paiez vous tous jusques au dernier denier, come ils ont fait. Or en ce remue mesnage mes gens ont trouvé en une arriere place des peintures et statues du Roy mon très clement maistre de quoi j'ay este fort esmerveille et ensemble joieux. Et en ay subit averti monsieur Rollantson et monsieur Burlamachi. Et sont Peintures :

« Madeleine, demi-figure, Titian.
« Une Lucrèce, Titian, nue.
« Trois testes en un tableau. Titian.
« Un portrait de fem(m)e habit vert, Rafael.

STATUES

« Une figure grande de cuivre antique fort rare.
« Une figure de fem(m)e acroupie, de marbre, aucuns disent Venus delli Ely, autres Helene de Troye. C'est la plus belle statue de tous, estimée a 6 mille escus.

« Un enfant Michiel-Angelo Bonarota « Un enfant Sansovin. « Un enfant de Prasitella.	Ces trois enfants n'ont pris et sont les plus rares choses qu'avoit le Ducq.

« J'envoiray le tout p. les premieres navires Angloises.
« Et outre.... etc.

« Tres humb. serviteur,
« DANIEL NYS.

« Venise, 13 juin 1631. »

1. *Public Record Office. Londres :* State Papers Foreing, Venice.

Y. — HORACE WALPOLE : **Anecdotes of Painting in England**. Londres, J. Dodsley, 1786, vol. II, p. 78.

« ..... The list (le catalogue manuscrit de Van der Doort) valuable as it is, notwithstanding all its blunders, inaccuracy and bad English, was I believe never completed, which might be owing to the sudden death of the composer. There are accounts in MS. of many more pictures, indubitably of that collection (celle de Charles Ier), not specified in the printed Catalogue. »

Z. — **Extrait du 7e Report of the « Royal Commission on historical manuscripts »**, p. 88 et suivantes. (*Archives de la Chambre des Lords.*)

« On the 9th of may 1660, a committee was appointed to consider and receive informations where any of the King goods, jewels, and pictures were and to advise of some course how the same might be restored to his now Majesty (L. I; XI, 19). The committee was afterwards empowered to order the seizure of all such of the goods as should be discovered to them. »

En exécution de cette décision, le Comité institué fit rechercher et saisir les pièces vendues, partout où l'on put les découvrir. Ainsi, nous trouvons, aux dates suivantes, les ordres ci-après :

« 1660, may 19. Order of the committee for Mr Geldropp to seize all goods, pictures, jewels and moveables belonging to the crown in the hands or custody of any person. »

« 1660, may 21. Similar order for colonel William Anselme. »

« 1660, may 23. Similar order for colonel William Hawley. »

« 1660 (undated). Application for an order for the goods belonging to the king, and lately shipped by Gregory Clement, of Greenwich, to be seized, by colonel William Hawley. »

Aa. — **Extrait d'une lettre de Daniel Nys, écrite de Venise le 4 septembre 1627** et publiée par A. BASCHET dans la *Raccolta Veneta*, 1866, Dispensa II, p. 111.

« Siamo giunto giovedi di notte a Murano, con bona salute, et felice viaggio, Iddio laudato. Et siamo passato per tutto per la desterità del signor Cristino, senza alcun intopo, *et ho ricevuti li quadri in casa.* Li danari contarò mercoldi pross° al detto signor Cristino, si che, per giovedi,.... potra fare viaggio, Iddio piacendo....

« Venetia, 4 settembre 1627. »

Ab. — Carlo d'Arco : **Delle Arti e degli Artefici di Mantova,** t. II, p. 289.

« Tutti quei quadri e quei marmi furono recati in Inghilterra, da una nave che fece vela in Venezia al 4 di agosto del 1632. »

Ac. — **Extrait de la lettre de sir Isaac Wake au secrétaire lord Conway,** publiée par W.-N. Sainsbury : *Original unpublished papers,* etc. Appendix H, p. 327.

« Concerning the person of Mr. Lanier, I can only tell ye Ldp., yt he departed from hence yesterday ye 27th of april St° n°.....

« ..... He doth cary with him ye best pieces of painting namely those of Correggio which were in Grotta at Mantua, in regard yt being in water colours, they would not have brooked ye sea et I hope, etc.....

« Venice, april 18/28 1628. »

Ad. — **Extrait d'une lettre de Balthasar Castiglione, écrite de Rome à cette princesse (Isabelle de Gonzague), le 3 juin 1519.** (V. G. Campori : *Atti e Memorie,* etc., 1870, vol. V, p. 107. — *Gazette des Beaux-Arts,* 1872, t. VI, p. 363.)

« ..... A quanto me scrive V. Ex. circa li disegni della sepoltura, penso che quella, a quest' hora, debba esser satisfatta per uno di Raphaello, el quale, al parer mio, è assai al proposito e portalo Monsr di Tricarico. — Michelangelo non è in Roma, nè con altro che con Raphaello saprei voltarmi e son certo che questo satisfera. »

Ae. — G. Campori : **Atti e Memorie**, etc. Vol. V, p. 306.

« .... Sappiamo dove oggi si conserva il primo di detti quadri, non così l'altro, che dovrà ricercarsi fra quelli dispersi nelle Gallerie europee, dei quali è ignota la derivazione. »

Af. — A. v. Reumont : **Jahrbücher für Kunstwissenschaft**, Leipzig, 1869, vol. II, *Die Perle*, p. 255.

« Auf Solche Weise wird das Verzeichniss der Werke Raffael's allerdings, um eines ærmer, aber wenigsteins tappen wir nicht mehr nach demselben in Dunkeln umher. »

FIN

www.ingramcontent.com/pod-product-compliance
Lightning Source LLC
LaVergne TN
LVHW050422160826
845677LV00002BA/485